Taschenbuch – Literatur - Klassiker

Band 130
Gotthold Ephraim Lessing
Minna von Barnhelm

Gotthold Ephraim Lessing
Minna von Barnhelm

FSC
www.fsc.org
MIX
Papier aus ver-
antwortungsvollen
Quellen
Paper from
responsible sources
FSC® C105338

Band 130
1.Auflage
Taschenbuch – Literatur - Klassiker
Herausgeber Frank Weber, Marburg
Bibliografische Information der Deutschen Nationalbibliothek:
Die Deutsche Nationalbibliothek verzeichnet diese Publikation
in der Deutschen Nationalbibliografie;
detaillierte bibliografische Daten sind im Internet abrufbar
über http://dnb.dnb.de
© 2020 Gotthold Ephraim Lessing
ISBN: 9783752646047
Herstellung und Verlag: BoD – Books on Demand, Norderstedt

Gotthold Ephraim Lessing

Minna von Barnhelm

oder

Das Soldatenglück

Ein Lustspiel in fünf Aufzügen

Inhalt

Erster Aufzug

Zweiter Aufzug

Dritter Aufzug

Personen.

Major von Tellheim, verabschiedet.

Minna von Barnhelm.

Graf von Bruchsall, ihr Oheim.

Franziska, ihr Mädchen.

Just, Bedienter des Majors.

Paul Werner, gewesener Wachtmeister des Majors.

Der Wirt.

Eine Dame in Trauer.

Ein Feldjäger.

Riccaut de la Marliniere.

Die Szene ist abwechselnd in dem Saale eines Wirtshauses, und einem daran stoßenden Zimmer.

Erster Aufzug

Erster Auftritt

JUST *sitzet in einem Winkel, schlummert, und redet im Traume.*
Schurke von einem Wirte! Du, uns? – Frisch, Bruder! – Schlag zu,
Bruder! – *Er holt aus, und erwacht durch die Bewegung.* He da! schon
wieder? Ich mache kein Auge zu, so schlage ich mich mit ihm herum.
Hätte er nur erst die Hälfte von allen den Schlägen! – – Doch sieh, es
ist Tag! Ich muß nur bald meinen armen Herrn aufsuchen. Mit meinem
Willen soll er keinen Fuß mehr in das vermaledeite Haus setzen. Wo
wird er die Nacht zugebracht haben?

Zweiter Auftritt

Der Wirt. Just.

DER WIRT. Guten Morgen, Herr Just, guten Morgen! Ei, schon so
früh auf? Oder soll ich sagen: noch so spät auf?

JUST. Sage Er, was Er will.

DER WIRT. Ich sage nichts, als guten Morgen; und das verdient doch
wohl, daß Herr Just, großen Dank, darauf sagt?

JUST. Großen Dank!

DER WIRT. Man ist verdrüßlich, wenn man seine gehörige Ruhe nicht
haben kann. Was gilts, der Herr Major ist nicht nach Hause
gekommen, und Er hat hier auf ihn gelauert?

JUST. Was der Mann nicht alles erraten kann!

DER WIRT. Ich vermute, ich vermute.

JUST *kehrt sich um, und will gehen.* Sein Diener!

DER WIRT *hält ihn.* Nicht doch, Herr Just!

JUST. Nun gut; nicht Sein Diener!

DER WIRT. Ei, Herr Just! ich will doch nicht hoffen, Herr Just, daß Er noch von gestern her böse ist? Wer wird seinen Zorn über Nacht behalten?

JUST. Ich; und über alle folgende Nächte.

DER WIRT. Ist das christlich?

JUST. Eben so christlich, als einen ehrlichen Mann, der nicht gleich bezahlen kann, aus dem Hause stoßen, auf die Straße werfen.

DER WIRT. Pfui, wer könnte so gottlos sein?

JUST. Ein christlicher Gastwirt. – Meinen Herrn! so einen Mann! so einen Offizier!

DER WIRT. Den hätte ich aus dem Hause gestoßen? auf die Straße geworfen? Dazu habe ich viel zu viel Achtung für einen Offizier, und viel zu viel Mitleid mit einem abgedankten! Ich habe ihm aus Not ein ander Zimmer einräumen müssen. – Denke Er nicht mehr daran, Herr Just. *Er ruft in die Szene.* Holla! – Ich wills auf andere Weise wieder gut machen. *Ein Junge kömmt.* Bring ein Gläschen; Herr Just will ein Gläschen haben; und was Gutes!

JUST. Mache Er sich keine Mühe, Herr Wirt. Der Tropfen soll zu Gift werden, den – Doch ich will nicht schwören; ich bin noch nüchtern!

DER WIRT *zu dem Jungen, der eine Flasche Liqueur und ein Glas bringt.* Gib her; geh! – Nun, Herr Just; was ganz Vortreffliches; stark, lieblich, gesund. *Er füllt, und reicht ihm zu.* Das kann einen überwachten Magen wieder in Ordnung bringen!

JUST. Bald dürfte ich nicht! – – Doch warum soll ich meiner Gesundheit Seine Grobheit entgelten lassen? – *Er nimmt und trinkt.*

DER WIRT. Wohl bekomms, Herr Just!

JUST *indem er das Gläschen wieder zurück gibt.* Nicht übel! – Aber
Herr Wirt, Er ist doch ein Grobian!

DER WIRT. Nicht doch, nicht doch! – Geschwind noch eins; auf
einem Beine ist nicht gut stehen.

JUST *nachdem er getrunken.* Das muß ich sagen: gut, sehr gut! –
Selbst gemacht, Herr Wirt? –

DER WIRT. Behüte! veritabler Danziger! echter, doppelter Lachs!

JUST. Sieht Er, Herr Wirt; wenn ich heucheln könnte, so würde ich für
so was heucheln; aber ich kann nicht; es muß raus: – Er ist doch ein
Grobian, Herr Wirt!

DER WIRT. In meinem Leben hat mir das noch niemand gesagt. –
Noch eins, Herr Just; aller guten Dinge sind drei!

JUST. Meinetwegen! *Er trinkt.* Gut Ding, wahrlich gut Ding! – Aber
auch die Wahrheit ist gut Ding. – Herr Wirt, Er ist doch ein Grobian!

DER WIRT. Wenn ich es wäre, würde ich das wohl so mit anhören?

JUST. O ja, denn selten hat ein Grobian Galle.

DER WIRT. Nicht noch eins, Herr Just? Eine vierfache Schnur hält
desto besser.

JUST. Nein, zu viel ist zu viel! Und was hilfts Ihm, Herr Wirt? Bis auf
den letzten Tropfen in der Flasche würde ich bei meiner Rede bleiben.
Pfui, Herr Wirt; so guten Danziger zu haben, und so schlechte Mores!
– Einem Manne, wie meinem Herrn, der Jahr und Tag bei Ihm
gewohnt, von dem Er schon so manchen schönen Taler gezogen, der in
seinem Leben keinen Heller schuldig geblieben ist; weil er ein Paar
Monate her nicht prompt bezahlt, weil er nicht mehr so viel aufgehen
läßt, – in der Abwesenheit das Zimmer auszuräumen!

DER WIRT. Da ich aber das Zimmer notwendig brauchte? da ich
voraus sahe, daß der Herr Major es selbst gutwillig würde geräumt
haben, wenn wir nur lange auf seine Zurückkunft hätten warten
können? Sollte ich denn so eine fremde Herrschaft wieder von meiner

Türe wegfahren lassen? Sollte ich einem andern Wirte so einen Verdienst mutwillig in den Rachen jagen? Und ich glaube nicht einmal, daß sie sonst wo unterkommen wäre. Die Wirtshäuser sind jetzt alle stark besetzt. Sollte eine so junge, schöne, liebenswürdige Dame, auf der Straße bleiben? Dazu ist Sein Herr viel zu galant! Und was verliert er denn dabei? Habe ich ihm nicht ein anderes Zimmer dafür eingeräumt?

JUST. Hinten an dem Taubenschlage; die Aussicht zwischen des Nachbars Feuermauren –

DER WIRT. Die Aussicht war wohl sehr schön, ehe sie der verzweifelte Nachbar verbaute. Das Zimmer ist doch sonst galant, und tapeziert –

JUST. Gewesen!

DER WIRT. Nicht doch, die eine Wand ist es noch. Und Sein Stübchen darneben, Herr Just; was fehlt dem Stübchen? Es hat einen Kamin; der zwar im Winter ein wenig raucht – –

JUST. Aber doch im Sommer recht hübsch läßt. – Herr, ich glaube gar, Er vexiert uns noch oben drein? –

DER WIRT. Nu, nu, Herr Just, Herr Just –

JUST. Mache Er Herr Justen den Kopf nicht warm, oder –

DER WIRT. Ich macht ihn warm? der Danziger tuts! –

JUST. Einen Offizier, wie meinen Herrn! Oder meint Er, daß ein abgedankter Offizier nicht auch ein Offizier ist, der Ihm den Hals brechen kann? Warum waret ihr denn im Kriege so geschmeidig, ihr Herren Wirte? Warum war denn da jeder Offizier ein würdiger Mann, und jeder Soldat ein ehrlicher, braver Kerl? Macht euch das Bißchen Friede schon so übermütig?

DER WIRT. Was ereifert Er sich nun, Herr Just? –

JUST. Ich will mich ereifern. – –

Dritter Auftritt

Von Tellheim. Der Wirt. Just.

VON TELLHEIM *im Hereintreten.* Just!

JUST *in der Meinung, daß ihn der Wirt nenne.* Just? – So bekannt sind wir? –

VON TELLHEIM. Just!

JUST. Ich dächte, ich wäre wohl Herr Just für Ihn!

DER WIRT *der den Major gewahr wird.* St! st! Herr, Herr, Herr Just, – seh Er sich doch um; Sein Herr – –

VON TELLHEIM. Just, ich glaube, du zankst? Was habe ich dir befohlen?

DER WIRT. O, Ihro Gnaden! zanken? da sei Gott vor! Ihr untertänigster Knecht sollte sich unterstehen, mit einem, der die Gnade hat, Ihnen anzugehören, zu zanken?

JUST. Wenn ich ihm doch eins auf den Katzenbuckel geben dürfte! – –

DER WIRT. Es ist wahr, Herr Just spricht für seinen Herrn, und ein wenig hitzig. Aber daran tut er recht; ich schätze ihn um so viel höher; ich liebe ihn darum. –

JUST. Daß ich ihm nicht die Zähne austreten soll!

DER WIRT. Nur Schade, daß er sich umsonst erhitzet. Denn ich bin gewiß versichert, daß Ihro Gnaden keine Ungnade deswegen auf mich geworfen haben, weil – die Not – mich notwendig –

VON TELLHEIM. Schon zu viel, mein Herr! Ich bin Ihnen schuldig; Sie räumen mir, in meiner Abwesenheit, das Zimmer aus; Sie müssen bezahlt werden; ich muß wo anders unterzukommen suchen. Sehr natürlich! –

DER WIRT. Wo anders? Sie wollen ausziehen, gnädiger Herr? Ich unglücklicher Mann! ich geschlagner Mann! Nein, nimmermehr! Eher muß die Dame das Quartier wieder räumen. Der Herr Major kann ihr, will ihr sein Zimmer nicht lassen; das Zimmer ist sein; sie muß fort; ich kann ihr nicht helfen. Ich gehe, gnädiger Herr – –

VON TELLHEIM. Freund, nicht zwei dumme Streiche für einen! Die Dame muß in dem Besitze des Zimmers bleiben. – –

DER WIRT. Und Ihro Gnaden sollten glauben, daß ich aus Mißtrauen, aus Sorge für meine Bezahlung? – – Als wenn ich nicht wüßte, daß mich Ihro Gnaden bezahlen können, so bald Sie nur wollen. – – Das versiegelte Beutelchen, – fünfhundert Taler Louisdor, stehet darauf, – – welches Ihro Gnaden in dem Schreibepulte stehen gehabt; – – ist in guter Verwahrung. –

VON TELLHEIM. Das will ich hoffen; so wie meine übrige Sachen. – Just soll sie in Empfang nehmen, wenn er Ihnen die Rechnung bezahlt hat. – –

DER WIRT. Wahrhaftig, ich erschrak recht, als ich das Beutelchen fand. – Ich habe immer Ihro Gnaden für einen ordentlichen und vorsichtigen Mann gehalten, der sich niemals ganz ausgibt. – – Aber dennoch, – – wenn ich bar Geld in dem Schreibepulte vermutet hätte –
–

VON TELLHEIM. Würden Sie höflicher mit mir verfahren sein. Ich verstehe Sie. – Gehen Sie nur, mein Herr; lassen Sie mich; ich habe mit meinem Bedienten zu sprechen. – –

DER WIRT. Aber gnädiger Herr – –

VON TELLHEIM. Komm Just, der Herr will nicht erlauben, daß ich dir in seinem Hause sage, was du tun sollst. – –

DER WIRT. Ich gehe ja schon, gnädiger Herr! – Mein ganzes Haus ist zu Ihren Diensten.

Vierter Auftritt

Von Tellheim. Just.

JUST *der mit dem Fuße stampft, und dem Wirte nachspuckt.* Pfui!

VON TELLHEIM. Was gibts?

JUST. Ich ersticke vor Bosheit.

VON TELLHEIM. Das wäre so viel, als an Vollblütigkeit.

JUST. Und Sie, – Sie erkenne ich nicht mehr, mein Herr. Ich sterbe vor Ihren Augen, wenn Sie nicht der Schutzengel dieses hämischen, unbarmherzigen Rackers sind! Trotz Galgen und Schwert und Rad, hätte ich ihn – hätte ich ihn mit diesen Händen erdrosseln, mit diesen Zähnen zerreißen wollen. –

VON TELLHEIM. Bestie!

JUST. Lieber Bestie, als so ein Mensch!

VON TELLHEIM. Was willst du aber?

JUST. Ich will, daß Sie es empfinden sollen, wie sehr man Sie beleidiget.

VON TELLHEIM. Und dann?

JUST. Daß Sie sich rächten, – Nein, der Kerl ist Ihnen zu gering. –

VON TELLHEIM. Sondern, daß ich es dir auftrüge, mich zu zu rächen? Das war von Anfang mein Gedanke. Er hätte mich nicht wieder mit Augen sehen, und seine Bezahlung aus deinen Händen empfangen sollen. Ich weiß, daß du eine Hand voll Geld mit einer ziemlich verächtlichen Miene hinwerfen kannst. –

JUST. So? eine vortreffliche Rache! –

VON TELLHEIM. Aber die wir noch verschieben müssen. Ich habe keinen Heller bares Geld mehr; ich weiß auch keines aufzutreiben.

JUST. Kein bares Geld? Und was ist denn das für ein Beutel, mit fünfhundert Taler Louisdor, den der Wirt in Ihrem Schreibepulte gefunden?

VON TELLHEIM. Das ist Geld, welches mir aufzuheben gegeben worden.

JUST. Doch nicht die hundert Pistolen, die Ihnen Ihr alter Wachtmeister vor vier oder fünf Wochen brachte?

VON TELLHEIM. Die nämlichen, von Paul Wernern. Warum nicht?

JUST. Diese haben Sie noch nicht gebraucht? Mein Herr, mit diesen können Sie machen, was Sie wollen. Auf meine Verantwortung –

VON TELLHEIM. Wahrhaftig?

JUST. Werner hörte von mir, wie sehr man Sie mit Ihren Forderungen an die Generalkriegskasse aufzieht. Er hörte –

VON TELLHEIM. Daß ich sicherlich zum Bettler werden würde, wenn ich es nicht schon wäre. – Ich bin dir sehr verbunden, Just. – Und diese Nachricht vermochte Wernern, sein Bißchen Armut mit mir zu teilen. – Es ist mir doch lieb, daß ich es erraten habe. – Höre Just, mache mir zugleich auch deine Rechnung; wir sind geschiedene Leute. – –

JUST. Wie? was?

VON TELLHEIM. Kein Wort mehr; es kömmt jemand. –

Fünfter Auftritt

Eine Dame in Trauer. Von Tellheim. Just.

DIE DAME. Ich bitte um Verzeihung, mein Herr! –

VON TELLHEIM. Wen suchen Sie, Madame? –

DIE DAME. Eben den würdigen Mann, mit welchem ich die Ehre habe zu sprechen. Sie kennen mich nicht mehr? Ich bin die Witwe Ihres ehemaligen Stabsrittmeisters –

VON TELLHEIM. Um des Himmels willen, gnädige Frau! welche Veränderung! –

DIE DAME. Ich stehe von dem Krankenbette auf, auf das mich der Schmerz über den Verlust meines Mannes warf. Ich muß Ihnen früh beschwerlich fallen, Herr Major. Ich reise auf das Land, wo mir eine gutherzige, aber eben auch nicht glückliche Freundin eine Zuflucht vors erste angeboten. –

VON TELLHEIM *zu Just.* Geh, laß uns allein. –

Sechster Auftritt

Die Dame. Von Tellheim.

VON TELLHEIM. Reden Sie frei, gnädige Frau! Vor mir dürfen Sie sich Ihres Unglücks nicht schämen. Kann ich Ihnen worin dienen?

DIE DAME. Mein Herr Major –

VON TELLHEIM. Ich beklage Sie, gnädige Frau! Worin kann ich Ihnen dienen? Sie wissen, Ihr Gemahl war mein Freund; mein Freund, sage ich; ich war immer karg mit diesem Titel.

DIE DAME. Wer weiß es besser, als ich, wie wert Sie seiner Freundschaft waren, wie wert er der Ihrigen war? Sie würden sein letzter Gedanke, Ihr Name der letzte Ton seiner sterbenden Lippen gewesen sein, hätte nicht die stärkere Natur dieses traurige Vorrecht für seinen unglücklichen Sohn, für seine unglückliche Gattin gefordert –

VON TELLHEIM. Hören Sie auf, Madame! Weinen wollte ich mit Ihnen gern; aber ich habe heute keine Tränen. Verschonen Sie mich! Sie finden mich in einer Stunde, wo ich leicht zu verleiten wäre, wider die Vorsicht zu murren. – O mein rechtschaffner Marloff! Geschwind, gnädige Frau, was haben Sie zu befehlen? Wenn ich Ihnen zu dienen im Stande bin, wenn ich es bin –

DIE DAME. Ich darf nicht abreisen, ohne seinen letzten Willen zu vollziehen. Er erinnerte sich kurz vor seinem Ende, daß er als Ihr Schuldner sterbe, und beschwor mich, diese Schuld mit der ersten Barschaft zu tilgen. Ich habe seine Equipage verkauft, und komme seine Handschrift einzulösen. –

VON TELLHEIM. Wie, gnädige Frau? darum kommen Sie?

DIE DAME. Darum. Erlauben Sie, daß ich das Geld aufzähle.

VON TELLHEIM. Nicht doch, Madame! Marloff mir schuldig? das kann schwerlich sein. Lassen Sie doch sehen. *Er ziehet sein Taschenbuch heraus, und sucht.* Ich finde nichts.

DIE DAME. Sie werden seine Handschrift verlegt haben, und die Handschrift tut nichts zur Sache. – Erlauben Sie –

VON TELLHEIM. Nein, Madame! so etwas pflege ich nicht zu verlegen. Wenn ich sie nicht habe, so ist es ein Beweis, daß ich nie eine gehabt habe, oder daß sie getilgt, und von mir schon zurück gegeben worden.

DIE DAME. Herr Major!

VON TELLHEIM. Ganz gewiß, gnädige Frau. Marloff ist mir nichts schuldig geblieben. Ich wüßte mich auch nicht zu erinnern, daß er mir jemals etwas schuldig gewesen wäre. Nicht anders, Madame; er hat mich vielmehr als seinen Schuldner hinterlassen. Ich habe nie etwas tun können, mich mit einem Manne abzufinden, der sechs Jahre Glück und Unglück, Ehre und Gefahr mit mir geteilet. Ich werde es nicht vergessen, daß ein Sohn von ihm da ist. Er wird mein Sohn sein, so bald ich sein Vater sein kann. Die Verwirrung, in der ich mich jetzt selbst befinde –

DIE DAME. Edelmütiger Mann! Aber denken Sie auch von mir nicht zu klein. Nehmen Sie das Geld, Herr Major; so bin ich wenigstens beruhiget. –

VON TELLHEIM. Was brauchen Sie zu Ihrer Beruhigung weiter, als meine Versicherung, daß mir dieses Geld nicht gehöret? Oder wollen Sie, daß ich die unerzogene Waise meines Freundes bestehlen soll? Bestehlen, Madame; das würde es in dem eigentlichsten Verstande sein. Ihm gehört es; für ihn legen Sie es an. –

DIE DAME. Ich verstehe Sie; verzeihen Sie nur, wenn ich noch nicht recht weiß, wie man Wohltaten annehmen muß. Woher wissen es denn aber auch Sie, daß eine Mutter mehr für ihren Sohn tut, als sie für ihr eigen Leben tun würde? Ich gehe –

VON TELLHEIM. Gehen Sie, Madame, gehen Sie! Reisen Sie glücklich! Ich bitte Sie nicht, mir Nachricht von Ihnen zu geben. Sie möchte mir zu einer Zeit kommen, wo ich sie nicht nutzen könnte. Aber noch eines, gnädige Frau; bald hätte ich das Wichtigste vergessen. Marloff hat noch an der Kasse unsers ehemaligen Regiments zu fodern. Seine Foderungen sind so richtig, wie die meinigen. Werden meine bezahlt, so müssen auch die seinigen bezahlt werden. Ich hafte dafür. –

DIE DAME. O! mein Herr – Aber ich schweige lieber. – Künftige Wohltaten so vorbereiten, heißt sie in den Augen des Himmels schon erwiesen haben. Empfangen Sie seine Belohnung, und meine Tränen! *Geht ab.*

Siebenter Auftritt

VON TELLHEIM. Armes, braves Weib! Ich muß nicht vergessen, den Bettel zu vernichten. *Er nimmt aus seinem Taschenbuche Briefschaften, die er zerreißt.* Wer steht mir dafür, daß eigner Mangel mich nicht einmal verleiten könnte, Gebrauch davon zu machen?

Achter Auftritt

Just. Von Tellheim.

VON TELLHEIM. Bist du da?

JUST *indem er sich die Augen wischt.* Ja!

VON TELLHEIM. Du hast geweint?

JUST. Ich habe in der Küche meine Rechnung geschrieben, und die Küche ist voll Rauch. Hier ist sie, mein Herr!

VON TELLHEIM. Gib her.

JUST. Haben Sie Barmherzigkeit mit mir, mein Herr. Ich weiß wohl, daß die Menschen mit Ihnen keine haben; aber –

VON TELLHEIM. Was willst du?

JUST. Ich hätte mir ehr den Tod, als meinen Abschied vermutet.

VON TELLHEIM. Ich kann dich nicht länger brauchen; ich muß mich ohne Bedienten behelfen lernen. *Schlägt die Rechnung auf, und lieset.* »Was der Herr Major mir schuldig: Drei und einen halben Monat Lohn, den Monat 6 Taler, macht 21 Taler. Seit dem Ersten dieses, an Kleinigkeiten ausgelegt, 1 Taler 7 Gr. 9 Pf. Summa Summarum, 22 Taler 7 Gr. 9 Pf.« – Gut, und es ist billig, daß ich dir diesen laufenden Monat ganz bezahle.

JUST. Die andere Seite, Herr Major –

VON TELLHEIM. Noch mehr? *Lieset.* »Was dem Herrn Major ich schuldig: An den Feldscher für mich bezahlt, 25 Taler. Für Wartung und Pflege, während meiner Kur, für mich bezahlt, 39 Tlr. Meinem abgebrannten und geplünderten Vater, auf meine Bitte, vorgeschossen, ohne die zwei Beutepferde zu rechnen, die er ihm geschenkt, 50 Taler. Summa Summarum, 114 Taler. Davon abgezogen vorstehende 22 Tl. 7 Gr. 9 Pf. bleibe dem Herrn Major schuldig, 91 Tlr. 16 Gr. 3 Pf.« – Kerl, du bist toll! –

JUST. Ich glaube es gern, daß ich Ihnen weit mehr koste. Aber es wäre verlorne Dinte, es dazu zu schreiben. Ich kann Ihnen das nicht bezahlen, und wenn Sie mir vollends die Liverei nehmen, die ich auch noch nicht verdient habe, – so wollte ich lieber, Sie hätten mich in dem Lazarette krepieren lassen.

VON TELLHEIM. Wofür siehst du mich an? Du bist mir nichts schuldig, und ich will dich einem von meinen Bekannten empfehlen, bei dem du es besser haben sollst, als bei mir.

JUST. Ich bin Ihnen nichts schuldig, und doch wollen Sie mich verstoßen?

VON TELLHEIM. Weil ich dir nichts schuldig werden will.

JUST. Darum? nur darum? – So gewiß ich Ihnen schuldig bin, so gewiß Sie mir nichts schuldig werden können, so gewiß sollen Sie mich nun nicht verstoßen. – Machen Sie, was Sie wollen, Herr Major; ich bleibe bei Ihnen; ich muß bei Ihnen bleiben. –

VON TELLHEIM. Und deine Hartnäckigkeit, dein Trotz, dein wildes ungestümes Wesen gegen alle, von denen du meinest, daß sie dir nichts zu sagen haben, deine tückische Schadenfreude, deine Rachsucht – –

JUST. Machen Sie mich so schlimm, wie Sie wollen; ich will darum doch nicht schlechter von mir denken, als von meinem Hunde. Vorigen Winter ging ich in der Dämmerung an dem Kanale, und hörte etwas winseln. Ich stieg herab, und griff nach der Stimme, und glaubte ein Kind zu retten, und zog einen Budel aus dem Wasser. Auch gut; dachte ich. Der Budel kam mir nach; aber ich bin kein Liebhaber von Budeln. Ich jagte ihn fort, umsonst; ich prügelte ihn von mir, umsonst. Ich ließ ihn des Nachts nicht in meine Kammer; er blieb vor der Tür auf der Schwelle. Wo er mir zu nahe kam, stieß ich ihn mit dem Fuße; er schrie, sahe mich an, und wedelte mit dem Schwanze. Noch hat er keinen Bissen Brod aus meiner Hand bekommen; und doch bin ich der einzige, dem er hört, und der ihn anrühren darf. Er springt vor mir her, und macht mir seine Künste unbefohlen vor. Es ist ein häßlicher Budel, aber ein gar zu guter Hund. Wenn er es länger treibt, so höre ich endlich auf, den Budeln gram zu sein.

VON TELLHEIM *bei Seite.* So wie ich ihm! Nein, es gibt keine völlige Unmenschen! – – Just, wir bleiben beisammen.

JUST. Ganz gewiß! – Sie wollten sich ohne Bedienten behelfen? Sie vergessen Ihrer Blessuren, und daß Sie nur eines Armes mächtig sind. Sie können sich ja nicht allein ankleiden. Ich bin Ihnen unentbehrlich; und bin, – – ohne mich selbst zu rühmen, Herr Major – und bin ein Bedienter, der – wenn das Schlimmste zum Schlimmen kömmt, – für seinen Herrn betteln und stehlen kann.

VON TELLHEIM. Just, wir bleiben nicht beisammen.

JUST. Schon gut!

Neunter Auftritt

Ein Bedienter. Von Tellheim. Just.

DER BEDIENTE. Bst! Kamerad!

JUST. Was gibts?

DER BEDIENTE. Kann Er mir nicht den Offizier nachweisen, der gestern noch in diesem Zimmer *Auf eines an der Seite zeigend, von welcher er herkömmt.* gewohnt hat?

JUST. Das dürfte ich leicht können. Was bringt Er ihm?

DER BEDIENTE. Was wir immer bringen, wenn wir nichts bringen; ein Kompliment. Meine Herrschaft hört, daß er durch sie verdrängt worden. Meine Herrschaft weiß zu leben, und ich soll ihn desfalls um Verzeihung bitten.

JUST. Nun so bitte Er ihn um Verzeihung; da steht er.

DER BEDIENTE. Was ist er? Wie nennt man ihn?

VON TELLHEIM. Mein Freund, ich habe Euern Auftrag schon gehört. Es ist eine überflüssige Höflichkeit von Eurer Herrschaft, die ich erkenne, wie ich soll. Macht ihr meinen Empfehl. – Wie heißt Eure Herrschaft? –

DER BEDIENTE. Wie sie heißt? Sie läßt sich gnädiges Fräulein heißen.

VON TELLHEIM. Und ihr Familienname?

DER BEDIENTE. Den habe ich noch nicht gehört, und darnach zu fragen, ist meine Sache nicht. Ich richte mich so ein, daß ich, meistenteils aller sechs Wochen, eine neue Herrschaft habe. Der Henker behalte alle ihre Namen! –

JUST. Bravo, Kamerad!

DER BEDIENTE. Zu dieser bin ich erst vor wenigen Tagen in Dresden gekommen. Sie sucht, glaube ich, hier ihren Bräutigam. –

VON TELLHEIM. Genug, mein Freund. Den Namen Eurer Herrschaft wollte ich wissen; aber nicht ihre Geheimnisse. Geht nur!

DER BEDIENTE. Kamerad, das wäre kein Herr für mich!

Zehnter Auftritt

Von Tellheim. Just.

VON TELLHEIM. Mache, Just, mache, daß wir aus diesem Hause kommen! Die Höflichkeit der fremden Dame ist mir empfindlicher, als die Grobheit des Wirts. Hier nimm diesen Ring; die einzige Kostbarkeit, die mir übrig ist; von der ich nie geglaubt hätte, einen solchen Gebrauch zu machen! – Versetze ihn! laß dir achtzig Friedrichsdor darauf geben; die Rechnung des Wirts kann keine dreißig betragen. Bezahle ihn, und räume meine Sachen – Ja, wohin? – Wohin du willst. Der wohlfeilste Gasthof der beste. Du sollst mich hier neben an, auf dem Kaffeehause, treffen. Ich gehe, mache deine Sache gut. –

JUST. Sorgen Sie nicht, Herr Major! –

VON TELLHEIM *kömmt wieder zurück.* Vor allen Dingen, daß meine Pistolen, die hinter dem Bette gehangen, nicht vergessen werden.

JUST. Ich will nichts vergessen.

VON TELLHEIM *kömmt nochmals zurück.* Noch eins: nimm mir auch
deinen Budel mit; hörst du, Just! –

Elfter Auftritt

JUST. Der Budel wird nicht zurück bleiben. Dafür laß ich den Budel
sorgen. – Hm! auch den kostbaren Ring hat der Herr noch gehabt? Und
trug ihn in der Tasche, anstatt am Finger? – Guter Wirt, wir sind so
kahl noch nicht, als wir scheinen. Bei ihm, bei ihm selbst will ich dich
versetzen, schönes Ringelchen! Ich weiß, er ärgert sich, daß du in
seinem Hause nicht ganz sollst verzehrt werden! – Ah –

Zwölfter Auftritt

Paul Werner. Just.

JUST. Sieh da, Werner! guten Tag, Werner! willkommen in der Stadt!

WERNER. Das verwünschte Dorf! Ich kanns unmöglich wieder
gewohnt werden. Lustig, Kinder, lustig; ich bringe frisches Geld! Wo
ist der Major?

JUST. Er muß dir begegnet sein; er ging eben die Treppe herab.

WERNER. Ich komme die Hintertreppe herauf. Nun wie gehts ihm?
Ich wäre schon vorige Woche bei euch gewesen, aber –

JUST. Nun? was hat dich abgehalten? –

WERNER. – Just, – hast du von dem Prinzen Heraklius gehört?

JUST. Heraklius? Ich wüßte nicht.

WERNER. Kennst du den großen Helden im Morgenlande nicht?

JUST. Die Weisen aus dem Morgenlande kenn ich wohl, die ums Neujahr mit dem Sterne herumlaufen. – –

WERNER. Mensch, ich glaube, du liesest eben so wenig die Zeitungen, als die Bibel? – Du kennst den Prinz Heraklius nicht? den braven Mann nicht, der Persien weggenommen, und nächster Tage die Ottomannische Pforte einsprengen wird? Gott sei Dank, daß doch noch irgendwo in der Welt Krieg ist! Ich habe lange genug gehofft, es sollte hier wieder losgehen. Aber da sitzen sie, und heilen sich die Haut. Nein, Soldat war ich, Soldat muß ich wieder sein! Kurz, – *Indem er sich schüchtern umsieht, ob ihn jemand behorcht.* im Vertrauen, Just; ich wandere nach Persien, um unter Sr. Königlichen Hoheit, dem Prinzen Heraklius, ein Paar Feldzüge wider den Türken zu machen.

JUST. Du?

WERNER. Ich, wie du mich hier siehst! Unsere Vorfahren zogen fleißig wider den Türken; und das sollten wir noch tun, wenn wir ehrliche Kerls, und gute Christen wären. Freilich begreife ich wohl, daß ein Feldzug wider den Türken nicht halb so lustig sein kann, als einer wider den Franzosen; aber dafür muß er auch desto verdienstlicher sein, in diesem und in jenem Leben. Die Türken haben dir alle Säbels, mit Diamanten besetzt –

JUST. Um mir von so einem Säbel den Kopf spalten zu lassen, reise ich nicht eine Meile. Du wirst doch nicht toll sein, und dein schönes Schulzengerichte verlassen? –

WERNER. O, das nehme ich mit! – Merkst du was? – Das Gütchen ist verkauft –

JUST. Verkauft?

WERNER. St! – hier sind hundert Dukaten, die ich gestern auf den Kauf bekommen; die bring ich dem Major –

JUST. Und was soll der damit?

WERNER. Was er damit soll? Verzehren soll er sie; verspielen, vertrinken, ver – wie er will. Der Mann muß Geld haben, und es ist schlecht genug, daß man ihm das seinige so sauer macht! Aber ich wüßte schon, was ich täte, wenn ich an seiner Stelle wäre! Ich dächte:

hol euch hier alle der Henker; und ginge mit Paul Wernern, nach Persien! – Blitz! – der Prinz Heraklius muß ja wohl von dem Major Tellheim gehört haben; wenn er auch schon seinen gewesenen Wachtmeister, Paul Wernern, nicht kennt. Unsere Affaire bei den Katzenhäusern –

JUST. Soll ich dir die erzählen? –

WERNER. Du mir? – Ich merke wohl, daß eine schöne Disposition über deinen Verstand geht. Ich will meine Perlen nicht vor die Säue werfen. – Da nimm die hundert Dukaten; gib sie dem Major. Sage ihm: er soll mir auch die aufheben. Ich muß jetzt auf den Markt; ich habe zwei Winspel Rocken herein geschickt; was ich daraus löse, kann er gleichfalls haben. –

JUST. Werner, du meinest es herzlich gut; aber wir mögen dein Geld nicht. Behalte deine Dukaten, und deine hundert Pistolen kannst du auch unversehrt wieder bekommen, sobald als du willst. –

WERNER. So? hat denn der Major noch Geld?

JUST. Nein.

WERNER. Hat er sich wo welches geborgt?

JUST. Nein.

WERNER. Und wovon lebt ihr denn?

JUST. Wir lassen anschreiben, und wenn man nicht mehr anschreiben will, und uns zum Hause herauswirft, so versetzen wir, was wir noch haben, und ziehen weiter. – Höre nur, Paul; dem Wirte hier müssen wir einen Possen spielen.

WERNER. Hat er dem Major was in den Weg gelegt? – Ich bin dabei! –

JUST. Wie wärs, wenn wir ihm des Abends, wenn er aus der Tabagie kömmt, aufpaßten, und ihn brav durchprügelten? –

WERNER. Des Abends? – aufpaßten? – ihrer zwei, einem? – Das ist nichts. –

JUST. Oder, wenn wir ihm das Haus über dem Kopf ansteckten? –

WERNER. Sengen und brennen? – Kerl, man hörts, daß du Packknecht gewesen bist, und nicht Soldat; – pfui!

JUST. Oder, wenn wir ihm seine Tochter zur Hure machten? Sie ist zwar verdammt häßlich –

WERNER. O, da wird sies lange schon sein! Und allenfalls brauchst du auch hierzu keinen Gehülfen. Aber was hast du denn? Was gibts denn?

JUST. Komm nur, du sollst dein Wunder hören!

WERNER. So ist der Teufel wohl hier gar los?

JUST. Ja wohl; komm nur!

WERNER. Desto besser! Nach Persien also, nach Persien!

Ende des ersten Aufzugs.

Zweiter Aufzug

Erster Auftritt

Minna von Barnhelm. Franziska.

Die Szene ist in dem Zimmer des Fräuleins.

DAS FRÄULEIN *im Negligee, nach ihrer Uhr sehend.* Franziska, wir sind auch sehr früh aufgestanden. Die Zeit wird uns lang werden.

FRANZISKA. Wer kann in den verzweifelten großen Städten schlafen? Die Karossen, die Nachtwächter, die Trommeln, die Katzen, die Korporals – das hört nicht auf zu rasseln, zu schreien, zu wirbeln, zu mauen, zu fluchen; gerade, als ob die Nacht zu nichts weniger wäre, als zur Ruhe. – Eine Tasse Tee, gnädiges Fräulein? –

DAS FRÄULEIN. Der Tee schmeckt mir nicht. –

FRANZISKA. Ich will von unserer Schokolate machen lassen.

DAS FRÄULEIN. Laß machen, für dich!

FRANZISKA. Für mich? Ich wollte eben so gern für mich allein plaudern, als für mich allein trinken. – Freilich wird uns die Zeit so lang werden. – Wir werden, vor langer Weile, uns putzen müssen, und das Kleid versuchen, in welchem wir den ersten Sturm geben wollen.

DAS FRÄULEIN. Was redest du von Stürmen, da ich bloß herkomme, die Haltung der Kapitulation zu fordern?

FRANZISKA. Und der Herr Offizier, den wir vertrieben, und dem wir das Kompliment darüber machen lassen; er muß auch nicht die feinste Lebensart haben; sonst hätte er wohl um die Ehre können bitten lassen, uns seine Aufwartung machen zu dürfen. –

DAS FRÄULEIN. Es sind nicht alle Offiziere Tellheims. Die Wahrheit zu sagen, ich ließ ihm das Kompliment auch bloß machen, um Gelegenheit zu haben, mich nach diesem bei ihm zu erkundigen. –

Franziska, mein Herz sagt es mir, daß meine Reise glücklich sein wird, daß ich ihn finden werde. –

FRANZISKA. Das Herz, gnädiges Fräulein? Man traue doch ja seinem Herzen nicht zu viel. Das Herz redet uns gewaltig nach dem Maule. Wenn das Maul eben so geneigt wäre, nach dem Herzen zu reden, so wäre die Mode längst aufgekommen, die Mäuler unterm Schlosse zu tragen.

DAS FRÄULEIN. Ha! ha! mit deinen Mäulern unterm Schlosse! Die Mode wäre mir eben recht!

FRANZISKA. Lieber die schönsten Zähne nicht gezeigt, als alle Augenblicke das Herz darüber springen lassen!

DAS FRÄULEIN. Was? bist du so zurückhaltend? –

FRANZISKA. Nein, gnädiges Fräulein; sondern ich wollte es gern mehr sein. Man spricht selten von der Tugend, die man hat; aber desto öftrer von der, die uns fehlt.

DAS FRÄULEIN. Siehst du, Franziska? da hast du eine sehr gute Anmerkung gemacht. –

FRANZISKA. Gemacht? macht man das, was einem so einfällt? –

DAS FRÄULEIN. Und weißt du, warum ich eigentlich diese Anmerkung so gut finde? Sie hat viele Beziehung auf meinen Tellheim.

FRANZISKA. Was hätte bei Ihnen nicht auch Beziehung auf ihn?

DAS FRÄULEIN. Freund und Feind sagen, daß er der tapferste Mann von der Welt ist. Aber wer hat ihn von Tapferkeit jemals reden hören? Er hat das rechtschaffenste Herz, aber Rechtschaffenheit und Edelmut sind Worte, die er nie auf die Zunge bringt.

FRANZISKA. Von was für Tugenden spricht er denn?

DAS FRÄULEIN. Er spricht von keiner; denn ihm fehlt keine.

FRANZISKA. Das wollte ich nur hören.

DAS FRÄULEIN. Warte, Franziska; ich besinne mich. Er spricht sehr oft von Ökonomie. Im Vertrauen, Franziska; ich glaube, der Mann ist ein Verschwender.

FRANZISKA. Noch eins, gnädiges Fräulein. Ich habe ihn auch sehr oft der Treue und Beständigkeit gegen Sie erwähnen hören. Wie, wenn der Herr auch ein Flattergeist wäre?

DAS FRÄULEIN. Du Unglückliche! – Aber meinest du das im Ernste, Franziska?

FRANZISKA. Wie lange hat er Ihnen nun schon nicht geschrieben?

DAS FRÄULEIN. Ach! seit dem Frieden hat er mir nur ein einzigesmal geschrieben.

FRANZISKA. Auch ein Seufzer wider den Frieden! Wunderbar! der Friede sollte nur das Böse wieder gut machen, das der Krieg gestiftet, und er zerrüttet auch das Gute, was dieser sein Gegenpart etwa noch veranlasset hat. Der Friede sollte so eigensinnig nicht sein! – Und wie lange haben wir schon Friede? Die Zeit wird einem gewaltig lang, wenn es so wenig Neuigkeiten gibt. – Umsonst gehen die Posten wieder richtig; niemand schreibt; denn niemand hat was zu schreiben.

DAS FRÄULEIN. Es ist Friede, schrieb er mir, und ich nähere mich der Erfüllung meiner Wünsche. Aber, daß er mir dieses nur einmal, nur ein einzigesmal geschrieben –

FRANZISKA. Daß er uns zwingt, dieser Erfüllung der Wünsche selbst entgegen zu eilen: finden wir ihn nur; das soll er uns entgelten! – Wenn indes der Mann doch Wünsche erfüllt hätte, und wir erführen hier –

DAS FRÄULEIN *ängstlich und hitzig.* Daß er tod wäre?

FRANZISKA. Für Sie, gnädiges Fräulein; in den Armen einer andern. –

DAS FRÄULEIN. Du Quälgeist! Warte, Franziska, er soll dir es gedenken! – Doch schwatze nur; sonst schlafen wir wieder ein. – Sein

Regiment ward nach dem Frieden zerrissen. Wer weiß, in welche
Verwirrung von Rechnungen und Nachweisungen er dadurch geraten?
Wer weiß, zu welchem andern Regimente, in welche entlegne Provinz,
er versetzt worden? Wer weiß, welche Umstände – Es pocht jemand.

FRANZISKA. Herein!

Zweiter Auftritt

Der Wirt. Die Vorigen.

DER WIRT *den Kopf voransteckend.* Ist es erlaubt, meine gnädige
Herrschaft?

FRANZISKA. Unser Herr Wirt? – Nur vollends herein.

DER WIRT *mit einer Feder hinter dem Ohre, ein Blatt Papier und
Schreibzeug in der Hand.* Ich komme, gnädiges Fräulein, Ihnen einen
untertänigen guten Morgen zu wünschen, – *Zur Franziska.* und auch
Ihr, mein schönes Kind, –

FRANZISKA. Ein höflicher Mann!

DAS FRÄULEIN. Wir bedanken uns.

FRANZISKA. Und wünschen Ihm auch einen guten Morgen.

DER WIRT. Darf ich mich unterstehen zu fragen, wie Ihro Gnaden die
erste Nacht unter meinem schlechten Dache geruhet? –

FRANZISKA. Das Dach ist so schlecht nicht, Herr Wirt; aber die
Betten hätten besser sein können.

DER WIRT. Was höre ich? Nicht wohl geruht? Vielleicht, daß die gar
zu große Ermüdung von der Reise –

DAS FRÄULEIN. Es kann sein.

DER WIRT. Gewiß, gewiß! denn sonst – Indes sollte etwas nicht vollkommen nach Ihro Gnaden Bequemlichkeit gewesen sein, so geruhen Ihro Gnaden, nur zu befehlen.

FRANZISKA. Gut, Herr Wirt, gut! Wir sind auch nicht blöde; und am wenigsten muß man im Gasthofe blöde sein. Wir wollen schon sagen, wie wir es gern hätten.

DER WIRT. Hiernächst komme ich zugleich – *Indem er die Feder hinter dem Ohr hervorzieht.*

FRANZISKA. Nun? –

DER WIRT. Ohne Zweifel kennen Ihro Gnaden schon die weisen Verordnungen unserer Polizei. –

DAS FRÄULEIN. Nicht im geringsten, Herr Wirt –

DER WIRT. Wir Wirte sind angewiesen, keinen Fremden, wes Standes und Geschlechts er auch sei, vier und zwanzig Stunden zu behausen, ohne seinen Namen, Heimat, Charakter, hiesige Geschäfte, vermutliche Dauer des Aufenthalts, und so weiter, gehörigen Orts schriftlich einzureichen.

DAS FRÄULEIN. Sehr wohl.

DER WIRT. Ihro Gnaden werden also sich gefallen lassen – *Indem er an einen Tisch tritt, und sich fertig macht, zu schreiben.*

DAS FRÄULEIN. Sehr gern. – Ich heiße –

DER WIRT. Einen kleinen Augenblick Geduld! – *Er schreibt.* »Dato, den 22. August a.c. allhier zum Könige von Spanien angelangt« – Nun Dero Namen, gnädiges Fräulein?

DAS FRÄULEIN. Das Fräulein von Barnhelm.

DER WIRT *schreibt.* »Gütern aus Sachsen« – Aus Sachsen! gnädiges Fräulein?

DAS FRÄULEIN. Von meinen Gütern aus Sachsen.

DER WIRT *schreibt.* »von Barnhelm« – Kommend? woher, Ei, ei, aus Sachsen, gnädiges Fräulein? aus Sachsen?

FRANZISKA. Nun? warum nicht? Es ist doch wohl hier zu Lande keine Sünde, aus Sachsen zu sein?

DER WIRT. Eine Sünde? behüte! das wäre ja eine ganz neue Sünde! – Aus Sachsen also? Ei, ei! aus Sachsen! das liebe Sachsen! – Aber wo mir recht ist, gnädiges Fräulein, Sachsen ist nicht klein, und hat mehrere, – wie soll ich es nennen? – Distrikte, Provinzen. – Unsere Polizei ist sehr exakt, gnädiges Fräulein. –

DAS FRÄULEIN. Ich verstehe: von meinen Gütern aus Thüringen also.

DER WIRT. Aus Thüringen! Ja, das ist besser, gnädiges Fräulein, das ist genauer. – *Schreibt und liest.* »Das Fräulein von Barnhelm, kommend von ihren Gütern aus Thüringen, nebst einer Kammerfrau und zwei Bedienten« –

FRANZISKA. Einer Kammerfrau? das soll ich wohl sein?

DER WIRT. Ja, mein schönes Kind. –

FRANZISKA. Nun, Herr Wirt, so setzen Sie anstatt Kammerfrau, Kammerjungfer. – Ich höre, die Polizei ist sehr exakt; es möchte ein Mißverständnis geben, welches mir bei meinem Aufgebote einmal Händel machen könnte. Denn ich bin wirklich noch Jungfer, und heiße Franziska; mit dem Geschlechtsnamen, Willig; Franziska Willig. Ich bin auch aus Thüringen. Mein Vater war Müller auf einem von den Gütern des gnädigen Fräuleins. Es heißt klein Rammsdorf. Die Mühle hat jetzt mein Bruder. Ich kam sehr jung auf den Hof, und ward mit dem gnädigen Fräulein erzogen. Wir sind von einem Alter; künftige Lichtmeß ein und zwanzig Jahr. Ich habe alles gelernt, was das gnädige Fräulein gelernt hat. Es soll mir lieb sein, wenn mich die Polizei recht kennt.

DER WIRT. Gut, mein schönes Kind; das will ich mir auf weitere Nachfrage merken – Aber nunmehr, gnädiges Fräulein, Dero Verrichtungen allhier? –

DAS FRÄULEIN. Meine Verrichtungen?

DER WIRT. Suchen Ihro Gnaden etwas bei des Königs Majestät?

DAS FRÄULEIN. O, nein!

DER WIRT. Oder bei unsern hohen Justizkollegiis?

DAS FRÄULEIN. Auch nicht.

DER WIRT. Oder –

DAS FRÄULEIN. Nein, nein. Ich bin lediglich in meinen eigenen Angelegenheiten hier.

DER WIRT. Ganz wohl, gnädiges Fräulein; aber wie nennen sich diese eigne Angelegenheiten?

DAS FRÄULEIN. Sie nennen sich – Franziska, ich glaube wir werden vernommen.

FRANZISKA. Herr Wirt, die Polizei wird doch nicht die Geheimnisse eines Frauenzimmers zu wissen verlangen?

DER WIRT. Allerdings, mein schönes Kind: die Polizei will alles, alles wissen; und besonders Geheimnisse.

FRANZISKA. Ja nun, gnädiges Fräulein; was ist zu tun? – So hören Sie nur, Herr Wirt; – aber daß es ja unter uns und der Polizei bleibt! –

DAS FRÄULEIN. Was wird ihm die Närrin sagen?

FRANZISKA. Wir kommen, dem Könige einen Offizier wegzukapern –

DER WIRT. Wie? was? Mein Kind! mein Kind! –

FRANZISKA. Oder uns von dem Offiziere kapern zu lassen. Beides ist eins.

DAS FRÄULEIN. Franziska, bist du toll? – Herr Wirt, die Nasenweise hat Sie zum besten. –

DER WIRT. Ich will nicht hoffen! Zwar mit meiner Wenigkeit kann sie scherzen so viel, wie sie will; nur mit einer hohen Polizei –

DAS FRÄULEIN. Wissen Sie was, Herr Wirt? – Ich weiß mich in dieser Sache nicht zu nehmen. Ich dächte, Sie ließen die ganze Schreiberei bis auf die Ankunft meines Oheims. Ich habe Ihnen schon gestern gesagt, warum er nicht mit mir zugleich angekommen. Er verunglückte, zwei Meilen von hier, mit seinem Wagen; und wollte durchaus nicht, daß mich dieser Zufall eine Nacht mehr kosten sollte. Ich mußte also voran. Wenn er vier und zwanzig Stunden nach mir eintrifft, so ist es das längste.

DER WIRT. Nun ja, gnädiges Fräulein, so wollen wir ihn erwarten.

DAS FRÄULEIN. Er wird auf Ihre Fragen besser antworten können. Er wird wissen, wem, und wie weit er sich zu entdecken hat; was er von seinen Geschäften anzeigen muß, und was er davon verschweigen darf.

DER WIRT. Desto besser! Freilich, freilich kann man von einem jungen Mädchen *Die Franziska mit einer bedeutenden Miene ansehend.* nicht verlangen, daß es eine ernsthafte Sache, mit ernsthaften Leuten, ernsthaft traktiere –

DAS FRÄULEIN. Und die Zimmer für ihn, sind doch in Bereitschaft, Herr Wirt?

DER WIRT. Völlig, gnädiges Fräulein, völlig; bis auf das eine –

FRANZISKA. Aus dem Sie vielleicht auch noch erst einen ehrlichen Mann vertreiben müssen?

DER WIRT. Die Kammerjungfern aus Sachsen, gnädiges Fräulein, sind wohl sehr mitleidig. –

DAS FRÄULEIN. Doch, Herr Wirt; das haben Sie nicht gut gemacht. Lieber hätten Sie uns nicht einnehmen sollen.

DER WIRT. Wie so, gnädiges Fräulein, wie so?

DAS FRÄULEIN. Ich höre, daß der Offizier, welcher durch uns verdrängt worden –

DER WIRT. Ja nur ein abgedankter Offizier ist, gnädiges Fräulein. –

DAS FRÄULEIN. Wenn schon! –

DER WIRT. Mit dem es zu Ende geht. –

DAS FRÄULEIN. Desto schlimmer! Es soll ein sehr verdienter Mann sein.

DER WIRT. Ich sage Ihnen ja, daß er abgedankt ist.

DAS FRÄULEIN. Der König kann nicht alle verdiente Männer kennen.

DER WIRT. O gewiß, er kennt sie, er kennt sie alle. –

DAS FRÄULEIN. So kann er sie nicht alle belohnen.

DER WIRT. Sie wären alle belohnt, wenn sie darnach gelebt hätten. Aber so lebten die Herren, währendes Krieges, als ob ewig Krieg bleiben würde; als ob das Dein und Mein ewig aufgehoben sein würde. Jetzt liegen alle Wirtshäuser und Gasthöfe von ihnen voll; und ein Wirt hat sich wohl mit ihnen in Acht zu nehmen. Ich bin mit diesem noch so ziemlich weggekommen. Hatte er gleich kein Geld mehr, so hatte er doch noch Geldeswert; und zwei, drei Monate hätte ich ihn freilich noch ruhig können sitzen lassen. Doch besser ist besser. – A propos, gnädiges Fräulein; Sie verstehen sich doch auf Juwelen? –

DAS FRÄULEIN. Nicht sonderlich.

DER WIRT. Was sollten Ihro Gnaden nicht? – Ich muß Ihnen einen Ring zeigen, einen kostbaren Ring. Zwar gnädiges Fräulein haben da auch einen sehr schönen am Finger, und je mehr ich ihn betrachte, je mehr muß ich mich wundern, daß er dem meinigen so ähnlich ist. – O! sehen Sie doch, sehen Sie doch! *Indem er ihn aus dem Futteral heraus nimmt, und der Fräulein zureicht.* Welch ein Feuer! der mittelste Brillant allein, wiegt über fünf Karat.

DAS FRÄULEIN *ihn betrachtend.* Wo bin ich? was seh ich? Dieser Ring –

DER WIRT. Ist seine funfzehnhundert Taler unter Brüdern wert.

DAS FRÄULEIN. Franziska! – Sieh doch! –

DER WIRT. Ich habe mich auch nicht einen Augenblick bedacht, achtzig Pistolen darauf zu leihen.

DAS FRÄULEIN. Erkennst du ihn nicht, Franziska?

FRANZISKA. Der nämliche! – Herr Wirt, wo haben Sie diesen Ring her? –

DER WIRT. Nun, mein Kind? Sie hat doch wohl kein Recht daran?

FRANZISKA. Wir kein Recht an diesem Ringe? – Inwärts auf dem Kasten muß der Fräulein verzogener Name stehn. – Weisen Sie doch, Fräulein.

DAS FRÄULEIN. Er ists, er ists! – Wie kommen Sie zu diesem Ringe, Herr Wirt?

DER WIRT. Ich? auf die ehrlichste Weise von der Welt. – Gnädiges Fräulein, gnädiges Fräulein, Sie werden mich nicht in Schaden und Unglück bringen wollen? Was weiß ich, wo sich der Ring eigentlich herschreibt? Während des Krieges hat manches seinen Herrn, sehr oft, mit und ohne Vorbewußt des Herrn, verändert. Und Krieg war Krieg. Es werden mehr Ringe aus Sachsen über die Grenze gegangen sein. – Geben Sie mir ihn wieder, gnädiges Fräulein, geben Sie mir ihn wieder!

FRANZISKA. Erst geantwortet: von wem haben Sie ihn?

DER WIRT. Von einem Manne, dem ich so was nicht zutrauen kann; von einem sonst guten Manne –

DAS FRÄULEIN. Von dem besten Manne unter der Sonne, wenn Sie ihn von seinem Eigentümer haben. – Geschwind bringen Sie mir den Mann! Er ist es selbst, oder wenigstens muß er ihn kennen.

DER WIRT. Wer denn? wen denn, gnädiges Fräulein?

FRANZISKA. Hören Sie denn nicht? unsern Major.

DER WIRT. Major? Recht, er ist Major, der dieses Zimmer vor Ihnen bewohnt hat, und von dem ich ihn habe.

DAS FRÄULEIN. Major von Tellheim?

DER WIRT. Von Tellheim; ja! Kennen Sie ihn?

DAS FRÄULEIN. Ob ich ihn kenne? Er ist hier? Tellheim ist hier? Er, er hat in diesem Zimmer gewohnt? Er, er hat Ihnen diesen Ring versetzt? Wie kommt der Mann in diese Verlegenheit? Wo ist er? Er ist Ihnen schuldig? – – Franziska, die Schatulle her! Schließ auf! *Indem sie Franziska auf den Tisch setzet, und öffnet.* Was ist er Ihnen schuldig? Wem ist er mehr schuldig? Bringen Sie mir alle seine Schuldner. Hier ist Geld. Hier sind Wechsel. Alles ist sein!

DER WIRT. Was höre ich?

DAS FRÄULEIN. Wo ist er? wo ist er?

DER WIRT. Noch vor einer Stunde war er hier.

DAS FRÄULEIN. Häßlicher Mann, wie konnten Sie gegen ihn so unfreundlich, so hart, so grausam sein?

DER WIRT. Ihro Gnaden verzeihen –

DAS FRÄULEIN. Geschwind, schaffen Sie mir ihn zur Stelle.

DER WIRT. Sein Bedienter ist vielleicht noch hier. Wollen Ihro Gnaden, daß er ihn aufsuchen soll?

DAS FRÄULEIN. Ob ich will? Eilen Sie, laufen Sie; für diesen Dienst allein, will ich es vergessen, wie schlecht Sie mit ihm umgegangen sind. –

FRANZISKA. Fix, Herr Wirt, hurtig, fort, fort! *Stößt ihn heraus.*

Dritter Auftritt

Das Fräulein. Franziska.

DAS FRÄULEIN. Nun habe ich ihn wieder, Franziska! Siehst du, nun habe ich ihn wieder! Ich weiß nicht, wo ich vor Freuden bin! Freue dich doch mit, liebe Franziska. Aber freilich, warum du? Doch du sollst dich, du mußt dich mit mir freuen. Komm, Liebe, ich will dich beschenken, damit du dich mit mir freuen kannst. Sprich, Franziska, was soll ich dir geben? Was steht dir von meinen Sachen an? Was hättest du gern? Nimm, was du willst; aber freue dich nur. Ich sehe wohl, du wirst dir nichts nehmen. Warte! *Sie faßt in die Schatulle.* da, liebe Franziska; *Und gibt ihr Geld.* kaufe dir, was du gern hättest. Fordere mehr, wenn es nicht zulangt. Aber freue dich nur mit mir. Es ist so traurig, sich allein zu freuen. Nun, so nimm doch –

FRANZISKA. Ich stehle es Ihnen, Fräulein; Sie sind trunken, von Fröhlichkeit trunken. –

DAS FRÄULEIN. Mädchen, ich habe einen zänkischen Rausch, nimm, oder – *Sie zwingt ihr das Geld in die Hand.* Und wenn du dich bedankest! – Warte; gut, daß ich daran denke. *Sie greift nochmals in die Schatulle nach Geld.* Das, liebe Franziska, stecke bei Seite; für den ersten blessierten armen Soldaten, der uns anspricht. –

Vierter Auftritt

Der Wirt. Das Fräulein. Franziska.

DAS FRÄULEIN. Nun? Wird er kommen?

DER WIRT. Der widerwärtige, ungeschliffene Kerl!

DAS FRÄULEIN. Wer?

DER WIRT. Sein Bedienter. Er weigert sich, nach ihm zu gehen.

FRANZISKA. Bringen Sie doch den Schurken her. – Des Majors Bediente kenne ich ja wohl alle. Welcher wäre denn das?

DAS FRÄULEIN. Bringen Sie ihn geschwind her. Wenn er uns sieht, wird er schon gehen. *Der Wirt geht ab.*

Fünfter Auftritt

Das Fräulein. Franziska.

DAS FRÄULEIN. Ich kann den Augenblick nicht erwarten. Aber, Franziska, du bist noch immer so kalt? Du willst dich noch nicht mit mir freuen?

FRANZISKA. Ich wollte von Herzen gern; wenn nur –

DAS FRÄULEIN. Wenn nur?

FRANZISKA. Wir haben den Mann wiedergefunden; aber wie haben wir ihn wiedergefunden? Nach allem, was wir von ihm hören, muß es ihm übel gehn. Er muß unglücklich sein. Das jammert mich.

DAS FRÄULEIN. Jammert dich? – Laß dich dafür umarmen, meine liebste Gespielin! Das will ich dir nie vergessen! – Ich bin nur verliebt, und du bist gut. –

Sechster Auftritt

Der Wirt. Just. Die Vorigen.

DER WIRT. Mit genauer Not bring ich ihn.

FRANZISKA. Ein fremdes Gesicht! Ich kenne ihn nicht.

DAS FRÄULEIN. Mein Freund, ist Er bei dem Major von Tellheim?

JUST. Ja.

DAS FRÄULEIN. Wo ist Sein Herr?

JUST. Nicht hier.

DAS FRÄULEIN. Aber Er weiß ihn zu finden?

JUST. Ja.

DAS FRÄULEIN. Will Er ihn nicht geschwind herholen?

JUST. Nein.

DAS FRÄULEIN. Er erweiset mir damit einen Gefallen. –

JUST. Ei!

DAS FRÄULEIN. Und Seinem Herrn einen Dienst. –

JUST. Vielleicht auch nicht. –

DAS FRÄULEIN. Woher vermutet Er das?

JUST. Sie sind doch die fremde Herrschaft, die ihn diesen Morgen komplimentieren lassen?

DAS FRÄULEIN. Ja.

JUST. So bin ich schon recht.

DAS FRÄULEIN. Weiß Sein Herr meinen Namen?

JUST. Nein; aber er kann die allzu höflichen Damen eben so wenig leiden, als die allzu groben Wirte.

DER WIRT. Das soll wohl mit auf mich gehn?

JUST. Ja.

DER WIRT. So laß Er es doch dem gnädigen Fräulein nicht entgelten; und hole Er ihn geschwind her.

DAS FRÄULEIN *zur Franziska.* Franziska, gib ihm etwas –

FRANZISKA *die dem Just Geld in die Hand drücken will.* Wir
verlangen Seine Dienste nicht umsonst. –

JUST. Und ich Ihr Geld nicht ohne Dienste.

FRANZISKA. Eines für das andere.

JUST. Ich kann nicht. Mein Herr hat mir befohlen, auszuräumen. Das
tu ich jetzt, und daran, bitte ich, mich nicht weiter zu verhindern. Wenn
ich fertig bin, so will ich es ihm ja wohl sagen, daß er herkommen
kann. Er ist neben an auf dem Kaffeehause; und wenn er da nichts
Bessers zu tun findet, wird er auch wohl kommen. *Will fortgehen.*

FRANZISKA. So warte Er doch. – Das gnädige Fräulein ist des Herrn
Majors – Schwester. –

DAS FRÄULEIN. Ja, ja, seine Schwester.

JUST. Das weiß ich besser, daß der Major keine Schwester hat. Er hat
mich in sechs Monaten zweimal an seine Familie nach Kurland
geschickt. – Zwar es gibt mancherlei Schwestern –

FRANZISKA. Unverschämter!

JUST. Muß man es nicht sein, wenn einen die Leute sollen gehn
lassen? *Geht ab.*

FRANZISKA. Das ist ein Schlingel!

DER WIRT. Ich sagt es ja. Aber lassen Sie ihn nur! Weiß ich doch
nunmehr, wo sein Herr ist. Ich will ihn gleich selbst holen. – Nur,
gnädiges Fräulein, bitte ich untertänigst, sodann ja mich bei dem Herrn
Major zu entschuldigen, daß ich so unglücklich gewesen, wider meinen
Willen, einen Mann von seinen Verdiensten –

DAS FRÄULEIN. Gehen Sie nur geschwind, Herr Wirt. Das will ich
alles wieder gut machen. *Der Wirt geht ab, und hierauf.* Franziska, lauf
ihm nach: er soll ihm meinen Namen nicht nennen! *Franziska, dem
Wirte nach.*

Siebenter Auftritt

Das Fräulein und hierauf Franziska.

DAS FRÄULEIN. Ich habe ihn wieder! – Bin ich allein? – Ich will nicht umsonst allein sein. *Sie faltet die Hände.* Auch bin ich nicht allein! *Und blickt aufwärts.* Ein einziger dankbarer Gedanke gen Himmel ist das vollkommenste Gebet! – Ich hab ihn, ich hab ihn! *Mit ausgebreiteten Armen.* Ich bin glücklich! und fröhlich! Was kann der Schöpfer lieber sehen, als ein fröhliches Geschöpf! – *Franziska kömmt.* Bist du wieder da, Franziska? – Er jammert dich? Mich jammert er nicht. Unglück ist auch gut. Vielleicht, daß ihm der Himmel alles nahm, um ihm in mir alles wieder zu geben!

FRANZISKA. Er kann den Augenblick hier sein – Sie sind noch in Ihrem Negligee, gnädiges Fräulein. Wie, wenn Sie sich geschwind ankleideten?

DAS FRÄULEIN. Geh! ich bitte dich. Er wird mich von nun an öfterer so, als geputzt sehen.

FRANZISKA. O, Sie kennen sich, mein Fräulein.

DAS FRÄULEIN *nach einem kurzen Nachdenken.* Wahrhaftig, Mädchen, du hast es wiederum getroffen.

FRANZISKA. Wenn wir schön sind, sind wir ungeputzt am schönsten.

DAS FRÄULEIN. Müssen wir denn schön sein? – Aber, daß wir uns schön glauben, war vielleicht notwendig. – Nein, wenn ich ihm, ihm nur schön bin! – Franziska, wenn alle Mädchens so sind, wie ich mich jetzt fühle, so sind wir – sonderbare Dinger. – Zärtlich und stolz, tugendhaft und eitel, wollüstig und fromm – Du wirst mich nicht verstehen. Ich verstehe mich wohl selbst nicht. – Die Freude macht drehend, wirblicht. –

FRANZISKA. Fassen Sie sich, mein Fräulein; ich höre kommen –

DAS FRÄULEIN. Mich fassen? Ich sollte ihn ruhig empfangen?

Achter Auftritt

Von Tellheim. Der Wirt. Die Vorigen.

VON TELLHEIM *tritt herein, und indem er sie erblickt, flieht er auf sie zu.* Ah! meine Minna! –

DAS FRÄULEIN *ihm entgegen fliehend.* Ah! mein Tellheim! –

VON TELLHEIM *stutzt auf einmal, und tritt wieder zurück.* Verzeihen Sie, gnädiges Fräulein, – das Fräulein von Barnhelm hier zu finden –

DAS FRÄULEIN. Kann Ihnen doch so gar unerwartet nicht sein? – *Indem sie ihm näher tritt, und er mehr zurück weicht.* Ich soll Ihnen verzeihen, daß ich noch Ihre Minna bin? Verzeih Ihnen der Himmel, daß ich noch das Fräulein von Barnhelm bin! –

VON TELLHEIM. Gnädiges Fräulein – *Sieht starr auf den Wirt, und zuckt die Schultern.*

DAS FRÄULEIN *wird den Wirt gewahr, und winkt der Franziska.* Mein Herr, –

VON TELLHEIM. Wenn wir uns beiderseits nicht irren –

FRANZISKA. Je, Herr Wirt, wen bringen Sie uns denn da? Geschwind kommen Sie, lassen Sie uns den rechten suchen.

DER WIRT. Ist es nicht der rechte? Ei ja doch!

FRANZISKA. Ei nicht doch! Geschwind kommen Sie; ich habe Ihrer Jungfer Tochter noch keinen guten Morgen gesagt.

DER WIRT. O! viel Ehre – *Doch ohne von der Stelle zu gehn.*

FRANZISKA *faßt ihn an.* Kommen Sie, wir wollen den Küchenzettel machen. – Lassen Sie sehen, was wir haben werden –

DER WIRT. Sie sollen haben; vors erste –

FRANZISKA. Still, ja stille! Wenn das Fräulein jetzt schon weiß, was sie zu Mittag speisen soll, so ist es um ihren Appetit geschehen. Kommen Sie, das müssen Sie mir allein sagen. *Führet ihn mit Gewalt ab.*

Neunter Auftritt

Von Tellheim. Das Fräulein.

DAS FRÄULEIN. Nun? irren wir uns noch?

VON TELLHEIM. Daß es der Himmel wollte! – Aber es gibt nur Eine, und Sie sind es. –

DAS FRÄULEIN. Welche Umstände! Was wir uns zu sagen haben, kann jedermann hören.

VON TELLHEIM. Sie hier? Was suchen Sie hier, gnädiges Fräulein?

DAS FRÄULEIN. Nichts suche ich mehr. *Mit offenen Armen auf ihn zugehend.* Alles, was ich suchte, habe ich gefunden.

VON TELLHEIM *zurückweichend.* Sie suchten einen glücklichen, einen Ihrer Liebe würdigen Mann; und finden – einen Elenden.

DAS FRÄULEIN. So lieben Sie mich nicht mehr? – Und lieben eine andere?

VON TELLHEIM. Ah! der hat Sie nie geliebt, mein Fräulein, der eine andere nach Ihnen lieben kann.

DAS FRÄULEIN. Sie reißen nur Einen Stachel aus meiner Seele. – Wenn ich Ihr Herz verloren habe, was liegt daran, ob mich Gleichgültigkeit oder mächtigere Reize darum gebracht? – Sie lieben mich nicht mehr: und lieben auch keine andere? – Unglücklicher Mann, wenn Sie gar nichts lieben! –

VON TELLHEIM. Recht, gnädiges Fräulein; der Unglückliche muß gar nichts lieben. Er verdient sein Unglück, wenn er diesen Sieg nicht über sich selbst zu erhalten weiß; wenn er es sich gefallen lassen kann, daß die, welche er liebt, an seinem Unglück Anteil nehmen dürfen. – Wie schwer ist dieser Sieg! – Seit dem mir Vernunft und Notwendigkeit befehlen, Minna von Barnhelm zu vergessen: was für Mühe habe ich angewandt! Eben wollte ich anfangen zu hoffen, daß diese Mühe nicht ewig vergebens sein würde: – und Sie erscheinen, mein Fräulein! –

DAS FRÄULEIN. Versteh ich Sie recht? – Halten Sie, mein Herr; lassen Sie sehen, wo wir sind, ehe wir uns weiter verirren! – Wollen Sie mir die einzige Frage beantworten?

VON TELLHEIM. Jede, mein Fräulein –

DAS FRÄULEIN. Wollen Sie mir auch ohne Wendung, ohne Winkelzug, antworten? Mit nichts, als einem trockenen Ja, oder Nein?

VON TELLHEIM. Ich will es, – wenn ich kann.

DAS FRÄULEIN. Sie können es. – Gut: ohngeachtet der Mühe, die Sie angewendet, mich zu vergessen, – lieben Sie mich noch, Tellheim?

VON TELLHEIM. Mein Fräulein, diese Frage –

DAS FRÄULEIN. Sie haben versprochen, mit nichts, als Ja oder Nein zu antworten.

VON TELLHEIM. Und hinzugesetzt: wenn ich kann.

DAS FRÄULEIN. Sie können; Sie müssen wissen, was in Ihrem Herzen vorgeht. – Lieben Sie mich noch, Tellheim? – Ja, oder Nein.

VON TELLHEIM. Wenn mein Herz –

DAS FRÄULEIN. Ja, oder Nein!

VON TELLHEIM. Nun, Ja!

DAS FRÄULEIN. Ja?

VON TELLHEIM. Ja, ja! – Allein –

DAS FRÄULEIN. Geduld! – Sie lieben mich noch: genug für mich. – In was für einen Ton bin ich mit Ihnen gefallen! Ein widriger, melancholischer, ansteckender Ton. – Ich nehme den meinigen wieder an. – Nun, mein lieber Unglücklicher, Sie lieben mich noch, und haben Ihre Minna noch, und sind unglücklich? Hören Sie doch, was Ihre Minna für ein eingebildetes, albernes Ding war, – ist. Sie ließ, sie läßt sich träumen, Ihr ganzes Glück sei sie. – Geschwind kramen Sie Ihr Unglück aus. Sie mag versuchen, wie viel sie dessen aufwiegt. – Nun?

VON TELLHEIM. Mein Fräulein, ich bin nicht gewohnt zu klagen.

DAS FRÄULEIN. Sehr wohl. Ich wüßte auch nicht, was mir an einem Soldaten, nach dem Prahlen, weniger gefiele, als das Klagen. Aber es gibt eine gewisse kalte, nachlässige Art, von seiner Tapferkeit und von seinem Unglücke zu sprechen –

VON TELLHEIM. Die im Grunde doch auch geprahlt und geklagt ist.

DAS FRÄULEIN. O, mein Rechthaber, so hätten Sie sich auch gar nicht unglücklich nennen sollen. – Ganz geschwiegen, oder ganz mit der Sprache heraus. – Eine Vernunft, eine Notwendigkeit, die Ihnen mich zu vergessen befiehlt? – Ich bin eine große Liebhaberin von Vernunft, ich habe sehr viel Ehrerbietung für die Notwendigkeit. – Aber lassen Sie doch hören, wie vernünftig diese Vernunft, wie notwendig diese Notwendigkeit ist.

VON TELLHEIM. Wohl denn; so hören Sie, mein Fräulein. – Sie nennen mich Tellheim; der Name trifft ein. – Aber Sie meinen, ich sei der Tellheim, den Sie in Ihrem Vaterlande gekannt haben; der blühende Mann, voller Ansprüche, voller Ruhmbegierde; der seines ganzen Körpers, seiner ganzen Seele mächtig war; vor dem die Schranken der Ehre und des Glückes eröffnet standen; der Ihres Herzens und Ihrer Hand, wann er schon ihrer noch nicht würdig war, täglich würdiger zu werden hoffen durfte. – Dieser Tellheim bin ich eben so wenig, – als ich mein Vater bin. Beide sind gewesen. – Ich bin Tellheim, der verabschiedete, der an seiner Ehre gekränkte, der Krüppel, der Bettler. – Jenem, mein Fräulein, versprachen Sie sich; wollen Sie diesem Wort halten? –

DAS FRÄULEIN. Das klingt sehr tragisch! – Doch, mein Herr, bis ich jenen wieder finde, – in die Tellheims bin ich nun einmal vernarret, – dieser wird mir schon aus der Not helfen müssen. – Deine Hand, lieber Bettler! *Indem sie ihn bei der Hand ergreift.*

VON TELLHEIM *der die andere Hand mit dem Hute vor das Gesicht schlägt, und sich von ihr abwendet.* Das ist zu viel! – Wo bin ich? – Lassen Sie mich, Fräulein! – Ihre Güte foltert mich! – Lassen Sie mich.

DAS FRÄULEIN. Was ist Ihnen? wo wollen Sie hin?

VON TELLHEIM. Von Ihnen! –

DAS FRÄULEIN. Von mir? *Indem sie seine Hand an ihre Brust zieht.* Träumer!

VON TELLHEIM. Die Verzweiflung wird mich tod zu Ihren Füßen werfen.

DAS FRÄULEIN. Von mir?

VON TELLHEIM. Von Ihnen. – Sie nie, nie wieder zu sehen. – Oder doch so entschlossen, so fest entschlossen, – keine Niederträchtigkeit zu begehen, – Sie keine Unbesonnenheit begehen zu lassen – Lassen Sie mich, Minna! *Reißt sich los, und ab.*

DAS FRÄULEIN *ihm nach.* Minna Sie lassen? Tellheim! Tellheim!

Ende des zweiten Aufzuges.

Dritter Aufzug

Erster Auftritt

Die Szene, der Saal.

JUST *einen Brief in der Hand.* Muß ich doch noch einmal in das
verdammte Haus kommen! – Ein Briefchen von meinem Herrn an das
gnädige Fräulein, das seine Schwester sein will. – Wenn sich nur da
nichts anspinnt! – Sonst wird des Brieftragens kein Ende werden. – Ich
wäre es gern los; aber ich möchte auch nicht gern ins Zimmer hinein. –
Das Frauenszeug fragt so viel; und ich antworte so ungern! – Ha, die
Türe geht auf. Wie gewünscht! das Kammerkätzchen!

Zweiter Auftritt

Franziska. Just.

FRANZISKA *zur Türe herein, aus der sie kömmt.* Sorgen Sie nicht;
ich will schon aufpassen. – Sieh! *Indem sie Justen gewahr wird.* da
stieße mir ja gleich was auf. Aber mit dem Vieh ist nichts anzufangen.

JUST. Ihr Diener –

FRANZISKA. Ich wollte so einen Diener nicht –

JUST. Nu, nu; verzeih Sie mir die Redensart! – Da bring ich ein
Briefchen von meinem Herrn an Ihre Herrschaft, das gnädige Fräulein
– Schwester. – Wars nicht so? Schwester.

FRANZISKA. Geb Er her! *Reißt ihm den Brief aus der Hand.*

JUST. Sie soll so gut sein, läßt mein Herr bitten, und es übergeben.
Hernach soll Sie so gut sein, läßt mein Herr bitten – daß Sie nicht etwa
denkt, ich bitte was! –

FRANZISKA. Nun denn?

JUST. Mein Herr versteht den Rummel. Er weiß, daß der Weg zu den Fräuleins durch die Kammermädchens geht: – bild ich mir ein! – Die Jungfer soll also so gut sein, – läßt mein Herr bitten, – und ihm sagen lassen, ob er nicht das Vergnügen haben könnte, die Jungfer auf ein Viertelstündchen zu sprechen.

FRANZISKA. Mich?

JUST. Verzeih Sie mir, wenn ich Ihr einen unrechten Titel gebe. – Ja, Sie! – Nur auf ein Viertelstündchen; aber allein, ganz allein, insgeheim, unter vier Augen. Er hätte Ihr was sehr Notwendiges zu sagen.

FRANZISKA. Gut! ich habe ihm auch viel zu sagen. – Er kann nur kommen, ich werde zu seinem Befehle sein.

JUST. Aber, wenn kann er kommen? Wenn ist es Ihr am gelegensten, Jungfer? So in der Dämmerung? –

FRANZISKA. Wie meint Er das? – Sein Herr kann kommen, wenn er will; – und damit packe Er sich nur!

JUST. Herzlich gern! *Will fortgehen.*

FRANZISKA. Hör Er doch; noch auf ein Wort. – Wo sind denn die andern Bedienten des Majors?

JUST. Die andern? Dahin, dorthin, überallhin.

FRANZISKA. Wo ist Wilhelm?

JUST. Der Kammerdiener? den läßt der Major reisen.

FRANZISKA. So? Und Philipp, wo ist der?

JUST. Der Jäger? den hat der Herr aufzuheben gegeben.

FRANZISKA. Weil er jetzt keine Jagd hat, ohne Zweifel. – Aber Martin?

JUST. Der Kutscher? der ist weggeritten.

FRANZISKA. Und Fritz?

JUST. Der Läufer? der ist avanciert.

FRANZISKA. Wo war Er denn, als der Major bei uns in Thüringen im Winterquartiere stand? Er war wohl noch nicht bei ihm?

JUST. O ja; ich war Reitknecht bei ihm; aber ich lag im Lazarett.

FRANZISKA. Reitknecht? und jetzt ist Er?

JUST. Alles in allem; Kammerdiener und Jäger, Läufer und Reitknecht.

FRANZISKA. Das muß ich gestehen! So viele gute, tüchtige Leute von sich zu lassen, und gerade den allerschlechtesten zu behalten! Ich möchte doch wissen, was Sein Herr an Ihm fände!

JUST. Vielleicht findet er, daß ich ein ehrlicher Kerl bin.

FRANZISKA. O, man ist auch verzweifelt wenig, wenn man weiter nichts ist, als ehrlich. – Wilhelm war ein andrer Mensch! – Reisen läßt ihn der Herr?

JUST. Ja, er läßt ihn; – da ers nicht hindern kann.

FRANZISKA. Wie?

JUST. O, Wilhelm wird sich alle Ehre auf seinen Reisen machen. Er hat des Herrn ganze Garderobe mit.

FRANZISKA. Was? er ist doch nicht damit durchgegangen?

JUST. Das kann man nun eben nicht sagen; sondern, als wir von Nürnberg weggingen, ist er uns nur nicht damit nachgekommen.

FRANZISKA. O der Spitzbube!

JUST. Es war ein ganzer Mensch! er konnte frisieren, und rasieren, und parlieren, – und scharmieren. – Nicht wahr?

FRANZISKA. So nach hätte ich den Jäger nicht von mir getan, wenn ich wie der Major gewesen wäre. Konnte er ihn schon nicht als Jäger nützen, so war es doch sonst ein tüchtiger Bursche. – Wem hat er ihn denn aufzuheben gegeben?

JUST. Dem Kommendanten von Spandau.

FRANZISKA. Der Festung? Die Jagd auf den Wällen kann doch da auch nicht groß sein.

JUST. O, Philipp jagt auch da nicht.

FRANZISKA. Was tut er denn?

JUST. Er karrt.

FRANZISKA. Er karrt?

JUST. Aber nur auf drei Jahr. Er machte ein kleines Komplott unter des Herrn Kompagnie, und wollte sechs Mann durch die Vorposten bringen. –

FRANZISKA. Ich erstaune; der Bösewicht!

JUST. O, es ist ein tüchtiger Kerl! Ein Jäger, der funfzig Meilen in der Runde, durch Wälder und Moräste, alle Fußsteige, alle Schleifwege kennt. Und schießen kann er!

FRANZISKA. Gut, daß der Major nur noch den braven Kutscher hat!

JUST. Hat er ihn noch?

FRANZISKA. Ich denke, Er sagte, Martin wäre weggeritten? So wird er doch wohl wieder kommen?

JUST. Meint Sie?

FRANZISKA. Wo ist er denn hingeritten?

JUST. Es geht nun in die zehnte Woche, da ritt er mit des Herrn einzigem und letztem Reitpferde – nach der Schwemme.

FRANZISKA. Und ist noch nicht wieder da? O, der Galgenstrick!

JUST. Die Schwemme kann den braven Kutscher auch wohl verschwemmt haben! – Es war gar ein rechter Kutscher! Er hatte in Wien zehn Jahre gefahren. So einen kriegt der Herr gar nicht wieder. Wenn die Pferde im vollen Rennen waren, so durfte er nur machen: burr! und auf einmal standen sie, wie die Mauern. Dabei war er ein ausgelernter Roßarzt!

FRANZISKA. Nun ist mir für das Avancement des Läufers bange.

JUST. Nein, nein; damit hats seine Richtigkeit. Er ist Trommelschläger bei einem Garnisonregimente geworden.

FRANZISKA. Dacht ichs doch!

JUST. Fritz hing sich an ein lüderliches Mensch, kam des Nachts niemals nach Hause, machte auf des Herrn Namen überall Schulden, und tausend infame Streiche. Kurz, der Major sahe, daß er mit aller Gewalt höher wollte: *Das Hängen pantomimisch anzeigend.* er brachte ihn also auf guten Weg.

FRANZISKA. O der Bube!

JUST. Aber ein perfekter Läufer ist er, das ist gewiß. Wenn ihm der Herr funfzig Schritte vorgab, so konnte er ihn mit seinem besten Renner nicht einholen. Fritz hingegen kann dem Galgen tausend Schritte vorgeben, und ich wette mein Leben, er holt ihn ein. – Es waren wohl alles Ihre guten Freunde, Jungfer? Der Wilhelm und der Philipp, der Martin und der Fritz? – Nun, Just empfiehlt sich! *Geht ab.*

Dritter Auftritt

Franziska und hernach der Wirt.

FRANZISKA *die ihm ernsthaft nachsieht.* Ich verdiene den Biß! – Ich bedanke mich, Just. Ich setzte die Ehrlichkeit zu tief herab. Ich will die Lehre nicht vergessen. – Ah! der unglückliche Mann! *Kehrt sich um, und will nach dem Zimmer des Fräuleins gehen, indem der Wirt kömmt.*

DER WIRT. Warte Sie doch, mein schönes Kind.

FRANZISKA. Ich habe jetzt nicht Zeit, Herr Wirt –

DER WIRT. Nur ein kleines Augenblickchen! – Noch keine Nachricht weiter von dem Herrn Major? Das konnte doch unmöglich sein Abschied sein! –

FRANZISKA. Was denn?

DER WIRT. Hat es Ihr das gnädige Fräulein nicht erzählt? – Als ich Sie, mein schönes Kind, unten in der Küche verließ, so kam ich von ungefähr wieder hier in den Saal –

FRANZISKA. Von ungefähr, in der Absicht, ein wenig zu horchen.

DER WIRT. Ei, mein Kind, wie kann Sie das von mir denken? Einem Wirte läßt nichts übler, als Neugierde. – Ich war nicht lange hier, so prellte auf einmal die Türe bei dem gnädigen Fräulein auf. Der Major stürzte heraus; das Fräulein ihm nach; beide in einer Bewegung, mit Blicken, in einer Stellung – so was läßt sich nur sehen. Sie ergriff ihn; er riß sich los; sie ergriff ihn wieder. Tellheim! – Fräulein! lassen Sie mich! – Wohin? – So zog er sie bis an die Treppe. Mir war schon bange, er würde sie mit herabreißen. Aber er wand sich noch los. Das Fräulein blieb an der obersten Schwelle stehn; sah ihm nach; rief ihm nach; rang die Hände. Auf einmal wandte sie sich um, lief nach dem Fenster, von dem Fenster wieder zur Treppe, von der Treppe in dem Saale hin und wider. Hier stand ich; hier ging sie dreimal bei mir vorbei, ohne mich zu sehen. Endlich war es, als ob sie mich sähe; aber, Gott sei bei uns! ich glaube, das Fräulein sahe mich für Sie an, mein Kind. »Franziska«, rief sie, die Augen auf mich gerichtet, »bin ich nun glücklich?« Darauf sahe sie steif an die Decke, und wiederum: »Bin

ich nun glücklich?« Darauf wischte sie sich Tränen aus dem Auge, und
lächelte, und fragte mich wiederum: »Franziska, bin ich nun
glücklich?« – Wahrhaftig, ich wußte nicht, wie mir war. Bis sie nach
ihrer Türe lief; da kehrte sie sich nochmals nach mir um: »So komm
doch, Franziska; wer jammert dich nun?« – Und damit hinein.

FRANZISKA. O, Herr Wirt, das hat Ihnen geträumt.

DER WIRT. Geträumt? Nein, mein schönes Kind; so umständlich
träumt man nicht. – Ja, ich wollte wie viel drum geben, – ich bin nicht
neugierig, – aber ich wollte wie viel drum geben, wenn ich den
Schlüssel dazu hätte.

FRANZISKA. Den Schlüssel? zu unsrer Türe? Herr Wirt, der steckt
innerhalb; wir haben ihn zur Nacht hereingezogen; wir sind furchtsam.

DER WIRT. Nicht so einen Schlüssel; ich will sagen, mein schönes
Kind, den Schlüssel; die Auslegung gleichsam; so den eigentlichen
Zusammenhang von dem, was ich gesehen. –

FRANZISKA. Ja so! – Nun, Adjeu, Herr Wirt. Werden wir bald essen,
Herr Wirt?

DER WIRT. Mein schönes Kind, nicht zu vergessen, was ich
eigentlich sagen wollte.

FRANZISKA. Nun? aber nur kurz –

DER WIRT. Das gnädige Fräulein hat noch meinen Ring; ich nenne
ihn meinen –

FRANZISKA. Er soll Ihnen unverloren sein.

DER WIRT. Ich trage darum auch keine Sorge; ich wills nur erinnern.
Sieht Sie; ich will ihn gar nicht einmal wieder haben. Ich kann mir
doch wohl an den Fingern abzählen, woher sie den Ring kannte, und
woher er dem ihrigen so ähnlich sah. Er ist in ihren Händen am besten
aufgehoben. Ich mag Ihn gar nicht mehr, und will indes die hundert
Pistolen, die ich darauf gegeben habe, auf des gnädigen Fräuleins
Rechnung setzen. Nicht so recht, mein schönes Kind?

Vierter Auftritt

Paul Werner. Der Wirt. Franziska.

WERNER. Da ist er ja!

FRANZISKA. Hundert Pistolen? Ich meinte, nur achtzig.

DER WIRT. Es ist wahr, nur neunzig, nur neunzig. Das will ich tun, mein schönes Kind, das will ich tun.

FRANZISKA. Alles das wird sich finden, Herr Wirt.

WERNER *der ihnen hinterwärts näher kömmt, und auf einmal der Franziska auf die Schulter klopft.* Frauenzimmerchen! Frauenzimmerchen!

FRANZISKA *erschrickt.* He!

WERNER. Erschrecke Sie nicht! – Frauenzimmerchen, Frauenzimmerchen, ich sehe, Sie ist hübsch, und ist wohl gar fremd – Und hübsche fremde Leute müssen gewarnet werden – Frauenzimmerchen, Frauenzimmerchen, nehm Sie sich vor dem Manne in Acht! *Auf den Wirt zeigend.*

DER WIRT. Je, unvermutete Freude! Herr Paul Werner! Willkommen bei uns, willkommen! – Ah, es ist doch immer noch der lustige, spaßhafte, ehrliche Werner! – Sie soll sich vor mir in Acht nehmen, mein schönes Kind! Ha, ha, ha!

WERNER. Geh Sie ihm überall aus dem Wege!

DER WIRT. Mir! mir! – Bin ich denn so gefährlich? – Ha, ha, ha! – Hör Sie doch, mein schönes Kind! Wie gefällt Ihr der Spaß?

WERNER. Daß es doch immer Seines gleichen für Spaß erklären, wenn man ihnen die Wahrheit sagt.

DER WIRT. Die Wahrheit! ha, ha, ha! – Nicht wahr, mein schönes Kind, immer besser! Der Mann kann spaßen! Ich gefährlich? – ich? –

So vor zwanzig Jahren war was dran. Ja, ja, mein schönes Kind, da war
ich gefährlich; da wußte manche davon zu sagen; aber jetzt –

WERNER. O über den alten Narrn!

DER WIRT. Da steckts eben! Wenn wir alt werden, ist es mit unserer
Gefährlichkeit aus. Es wird Ihm auch nicht besser gehn, Herr Werner!

WERNER. Potz Geck, und kein Ende! – Frauenzimmerchen, so viel
Verstand wird Sie mir wohl zutrauen, daß ich von der Gefährlichkeit
nicht rede. Der eine Teufel hat ihn verlassen, aber es sind dafür sieben
andre in ihn gefahren –

DER WIRT. O hör Sie doch, hör Sie doch! Wie er das nun wieder so
herum zu bringen weiß! – Spaß über Spaß, und immer was Neues! O,
es ist ein vortrefflicher Mann, der Herr Paul Werner! – *Zur Franziska,
als ins Ohr.* Ein wohlhabender Mann, und noch ledig. Er hat drei
Meilen von hier ein schönes Freischulzengerichte. Der hat Beute ge
macht im Kriege! – Und ist Wachtmeister bei unserm Herrn Major
gewesen. O, das ist ein Freund von unserm Herrn Major! das ist ein
Freund! der sich für ihn tot schlagen ließe! –

WERNER. Ja! und das ist ein Freund von meinem Major! das ist ein
Freund! – den der Major sollte tot schlagen lassen.

DER WIRT. Wie? was? – Nein, Herr Werner, das ist nicht guter Spaß.
– Ich kein Freund vom Herrn Major? – Nein, den Spaß versteh ich
nicht.

WERNER. Just hat mir schöne Dinge erzählt.

DER WIRT. Just? Ich dachts wohl, daß Just durch Sie spräche. Just ist
ein böser, garstiger Mensch. Aber hier ist ein schönes Kind zur Stelle;
das kann reden; das mag sagen, ob ich kein Freund von dem Herrn
Major bin? ob ich ihm keine Dienste erwiesen habe? Und warum sollte
ich nicht sein Freund sein? Ist er nicht ein verdienter Mann? Es ist
wahr; er hat das Unglück gehabt, abgedankt zu werden: aber was tut
das? Der König kann nicht alle verdiente Männer kennen; und wenn er
sie auch alle kennte, so kann er sie nicht alle belohnen.

WERNER. Das heißt Ihn Gott sprechen! – Aber Just – freilich ist an Justen auch nicht viel Besonders; doch ein Lügner ist Just nicht; und wenn das wahr wäre, was er mir gesagt hat –

DER WIRT. Ich will von Justen nichts hören! Wie gesagt: das schöne Kind hier mag sprechen! *Zu ihr ins Ohr.* Sie weiß, mein Kind; den Ring! – Erzähl Sie es doch Herr Wernern. Da wird er mich besser kennen lernen. Und damit es nicht heraus kömmt, als ob Sie mir nur zu gefallen rede: so will ich nicht einmal dabei sein. Ich will nicht dabei sein; ich will gehn; aber Sie sollen mir es wiedersagen, Herr Werner, Sie sollen mir es wiedersagen, ob Just nicht ein garstiger Verleumder ist.

Fünfter Auftritt

Paul Werner. Franziska.

WERNER. Frauenzimmerchen, kennt Sie denn meinen Major?

FRANZISKA. Den Major von Tellheim? Ja wohl kenn ich den braven Mann.

WERNER. Ist es nicht ein braver Mann? Ist Sie dem Manne wohl gut? –

FRANZISKA. Von Grund meines Herzens.

WERNER. Wahrhaftig? Sieht Sie, Frauenzimmerchen; nun kömmt Sie mir noch einmal so schön vor. – Aber was sind denn das für Dienste, die der Wirt unserm Major will erwiesen haben?

FRANZISKA. Ich wüßte eben nicht; es wäre denn, daß er sich das Gute zuschreiben wollte, welches glücklicher Weise aus seinem schurkischen Betragen entstanden.

WERNER. So wäre es ja wahr, was mir Just gesagt hat? – *Gegen die Seite, wo der Wirt abgegangen.* Dein Glück, daß du gegangen bist! – Er hat ihm wirklich die Zimmer ausgeräumt? – So einem Manne, so einen Streich zu spielen, weil sich das Eselsgehirn einbildet, daß der Mann kein Geld mehr habe! Der Major kein Geld?

FRANZISKA. So? hat der Major Geld?

WERNER. Wie Heu! Er weiß nicht, wie viel er hat. Er weiß nicht, wer ihm schuldig ist. Ich bin ihm selber schuldig, und bringe ihm ein altes Restchen. Sieht Sie, Frauenzimmerchen, hier in diesem Beutelchen, *Das er aus der einen Tasche zieht.* sind hundert Louisdor; und in diesem Röllchen *Das er aus der andern zieht.* hundert Dukaten. Alles sein Geld!

FRANZISKA. Wahrhaftig? Aber warum versetzt denn der Major? Er hat ja einen Ring versetzt –

WERNER. Versetzt! Glaub Sie doch so was nicht. Vielleicht, daß er den Bettel hat gern wollen los sein.

FRANZISKA. Es ist kein Bettel! es ist ein sehr kostbarer Ring, den er wohl noch dazu von lieben Händen hat.

WERNER. Das wirds auch sein. Von lieben Händen! ja, ja! So was erinnert einen manchmal, woran man nicht gern erinnert sein will. Drum schafft mans aus den Augen.

FRANZISKA. Wie?

WERNER. Dem Soldaten gehts in Winterquartieren wunderlich. Da hat er nichts zu tun, und pflegt sich, und macht vor langer Weile Bekanntschaften, die er nur auf den Winter meinet, und die das gute Herz, mit dem er sie macht, für Zeit Lebens annimmt. Husch ist ihm denn ein Ringelchen an den Finger praktiziert; er weiß selbst nicht, wie es daran kömmt. Und nicht selten gäb er gern den Finger mit drum, wenn er es nur wieder los werden könnte.

FRANZISKA. Ei! und sollte es dem Major auch so gegangen sein?

WERNER. Ganz gewiß. Besonders in Sachsen; wenn er zehn Finger an jeder Hand gehabt hätte, er hätte sie alle zwanzig voller Ringe gekriegt.

FRANZISKA *bei Seite.* Das klingt ja ganz besonders, und verdient untersucht zu werden. – Herr Freischulze, oder Herr Wachtmeister –

WERNER. Frauenzimmerchen, wenns Ihr nichts verschlägt: – Herr Wachtmeister, höre ich am liebsten.

FRANZISKA. Nun, Herr Wachtmeister, hier habe ich ein Briefchen von dem Herrn Major an meine Herrschaft. Ich will es nur geschwind herein tragen, und bin gleich wieder da. Will Er wohl so gut sein, und so lange hier warten? Ich möchte gar zu gern mehr mit Ihm plaudern.

WERNER. Plaudert Sie gern, Frauenzimmerchen? Nun meinetwegen; geh Sie nur; ich plaudere auch gern; ich will warten.

FRANZISKA. O, warte Er doch ja! *Geht ab.*

Sechster Auftritt

PAUL WERNER. Das ist kein unebenes Frauenzimmerchen! – Aber ich hätte ihr doch nicht versprechen sollen, zu warten. – Denn das Wichtigste wäre wohl, ich suchte den Major auf. – Er will mein Geld nicht, und versetzt lieber? – Daran kenn ich ihn. – Es fällt mir ein Schneller ein. – Als ich vor vierzehn Tagen in der Stadt war, besuchte ich die Rittmeisterin Marloff. Das arme Weib lag krank, und jammerte, daß ihr Mann dem Major vierhundert Taler schuldig geblieben wäre, die sie nicht wüßte, wie sie sie bezahlen sollte. Heute wollte ich sie wieder besuchen; – ich wollte ihr sagen, wenn ich das Geld für mein Gütchen ausgezahlt kriegte, daß ich ihr fünfhundert Taler leihen könnte. – Denn ich muß ja wohl was davon in Sicherheit bringen, wenns in Persien nicht geht. – Aber sie war über alle Berge. Und ganz gewiß wird sie den Major nicht haben bezahlen können. – Ja, so will ichs machen; und das je eher, je lieber. – Das Frauenzimmerchen mag mirs nicht übel nehmen; ich kann nicht warten. *Geht in Gedanken ab, und stößt fast auf den Major, der ihm entgegen kömmt.*

Siebender Auftritt

Von Tellheim. Paul Werner.

VON TELLHEIM. So in Gedanken, Werner?

WERNER. Da sind Sie ja; ich wollte eben gehn, und Sie in Ihrem neuen Quartiere besuchen, Herr Major.

VON TELLHEIM. Um mir auf den Wirt des alten die Ohren voll zu fluchen. Gedenke mir nicht daran.

WERNER. Das hätte ich beiher getan; ja. Aber eigentlich wollte ich mich nur bei Ihnen bedanken, daß Sie so gut gewesen, und mir die hundert Louisdor aufgehoben. Just hat mir sie wiedergegeben. Es wäre mir wohl freilich lieb, wenn Sie mir sie noch länger aufheben könnten. Aber Sie sind in ein neu Quartier gezogen, das weder Sie, noch ich kennen. Wer weiß, wies da ist. Sie könnten Ihnen da gestohlen werden; und Sie müßten mir sie ersetzen; da hülfe nichts davor. Also kann ichs Ihnen freilich nicht zumuten.

VON TELLHEIM *lächelnd.* Seit wenn bist du so vorsichtig, Werner?

WERNER. Es lernt sich wohl. Man kann, heute zu Tage, mit seinem Gelde nicht vorsichtig genug sein. – Darnach hatte ich noch was an Sie zu bestellen, Herr Major; von der Rittmeisterin Marloff; ich kam eben von ihr her. Ihr Mann ist Ihnen ja vierhundert Taler schuldig geblieben; hier schickt sie Ihnen auf Abschlag hundert Dukaten. Das übrige will sie künftige Woche schicken. Ich mochte wohl selber Ursache sein, daß sie die Summe nicht ganz schickt. Denn sie war mir auch ein Taler achtzig schuldig; und weil sie dachte, ich wäre gekommen, sie zu mahnen, – wies denn auch wohl wahr war; – so gab sie mir sie, und gab sie mir aus dem Röllchen, das sie für Sie schon zu rechte gelegt hatte. – Sie können auch schon eher Ihre hundert Taler ein Acht Tage noch missen, als ich meine Paar Groschen. – Da nehmen Sie doch! *Reicht ihm die Rolle Dukaten.*

VON TELLHEIM. Werner!

WERNER. Nun? warum sehen Sie mich so starr an? – So nehmen Sie doch, Herr Major! –

VON TELLHEIM. Werner!

WERNER. Was fehlt Ihnen? Was ärgert Sie?

VON TELLHEIM *bitter, indem er sich vor die Stirne schlägt, und mit dem Fuße auftritt.* Daß es – die vierhundert Taler nicht ganz sind!

WERNER. Nun, nun, Herr Major! Haben Sie mich denn nicht verstanden?

VON TELLHEIM. Eben weil ich dich verstanden habe! – Daß mich doch die besten Menschen heut am meisten quälen müssen!

WERNER. Was sagen Sie?

VON TELLHEIM. Es geht dich nur zur Hälfte an! – Geh, Werner! *Indem er die Hand, mit der ihm Werner die Dukaten reicht, zurück stößt.*

WERNER. Sobald ich das los bin!

VON TELLHEIM. Werner, wenn du nun von mir hörst: daß die Marloffin, heute ganz früh, selbst bei mir gewesen ist?

WERNER. So?

VON TELLHEIM. Daß sie mir nichts mehr schuldig ist?

WERNER. Wahrhaftig?

VON TELLHEIM. Daß sie mich bei Heller und Pfennig bezahlt hat: was wirst du denn sagen?

WERNER *der sich einen Augenblick besinnt.* Ich werde sagen, daß ich gelogen habe, und daß es eine hundsföttsche Sache ums Lügen ist, weil man darüber ertappt werden kann.

VON TELLHEIM. Und wirst dich schämen?

WERNER. Aber der, der mich so zu lügen zwingt, was sollte der? Sollte der sich nicht auch schämen? Sehen Sie, Herr Major; wenn ich sagte, daß mich Ihr Verfahren nicht verdrösse, so hätte ich wieder gelogen, und ich will nicht mehr lügen. –

VON TELLHEIM. Sei nicht verdrüßlich, Werner! Ich erkenne dein Herz und deine Liebe zu mir. Aber ich brauche dein Geld nicht.

WERNER. Sie brauchen es nicht? Und verkaufen lieber, und versetzen lieber, und bringen sich lieber in der Leute Mäuler?

VON TELLHEIM. Die Leute mögen es immer wissen, daß ich nichts mehr habe. Man muß nicht reicher scheinen wollen, als man ist.

WERNER. Aber warum ärmer? – Wir haben, so lange unser Freund hat.

VON TELLHEIM. Es ziemt sich nicht, daß ich dein Schuldner bin.

WERNER. Ziemt sich nicht? – Wenn an einem heißen Tage, den uns die Sonne und der Feind heiß machte, sich Ihr Reitknecht mit den Kantinen verloren hatte; und Sie zu mir kamen, und sagten: Werner hast du nichts zu trinken? und ich Ihnen meine Feldflasche reichte, nicht wahr, Sie nahmen und tranken? – Ziemte sich das? – Bei meiner armen Seele, wenn ein Trunk faules Wasser damals nicht oft mehr wert war, als alle der Quark! *Indem er auch den Beutel mit den Louisdoren heraus zieht, und ihm beides hinreicht.* Nehmen Sie, lieber Major! Bilden Sie sich ein, es ist Wasser. Auch das hat Gott für alle geschaffen.

VON TELLHEIM. Du marterst mich; du hörst es ja, ich will dein Schuldner nicht sein.

WERNER. Erst ziemte es sich nicht; nun wollen Sie nicht? Ja, das ist was anders. *Etwas ärgerlich.* Sie wollen mein Schuldner nicht sein? Wenn Sie es denn aber schon wären, Herr Major? Oder sind Sie dem Manne nichts schuldig, der einmal den Hieb auffing, der Ihnen den Kopf spalten sollte, und ein andermal den Arm vom Rumpfe hieb, der eben losdrücken und Ihnen die Kugel durch die Brust jagen wollte? – Was können Sie diesem Manne mehr schuldig werden? Oder hat es mit meinem Halse weniger zu sagen, als mit meinem Beutel? – Wenn das vornehm gedacht ist, bei meiner armen Seele, so ist es auch sehr abgeschmackt gedacht!

VON TELLHEIM. Mit wem sprichst du so, Werner? Wir sind allein; jetzt darf ich es sagen; wenn uns ein Dritter hörte, so wäre es Windbeutelei. Ich bekenne es mit Vergnügen, daß ich dir zweimal mein Leben zu danken habe. Aber, Freund, woran fehlte mir es, daß ich bei Gelegenheit nicht eben so viel für dich würde getan haben? He!

WERNER. Nur an der Gelegenheit! Wer hat daran gezweifelt, Herr Major? Habe ich Sie nicht hundertmal für den gemeinsten Soldaten, wenn er ins Gedränge gekommen war, Ihr Leben wagen sehen?

VON TELLHEIM. Also!

WERNER. Aber –

VON TELLHEIM. Warum verstehst du mich nicht recht? Ich sage: es ziemt sich nicht, daß ich dein Schuldner bin; ich will dein Schuldner nicht sein. Nämlich in den Umständen nicht, in welchen ich mich jetzt befinde.

WERNER. So, so! Sie wollen es versparen, bis auf beßre Zeiten; Sie wollen ein andermal Geld von mir borgen, wenn Sie keines brauchen, wenn Sie selbst welches haben, und ich vielleicht keines.

VON TELLHEIM. Man muß nicht borgen, wenn man nicht wieder zu geben weiß.

WERNER. Einem Manne, wie Sie, kann es nicht immer fehlen.

VON TELLHEIM. Du kennst die Welt! – Am wenigsten muß man sodann von einem borgen, der sein Geld selbst braucht.

WERNER. O ja, so einer bin ich! Wozu braucht ichs denn? – Wo man einen Wachtmeister nötig hat, gibt man ihm auch zu leben.

VON TELLHEIM. Du brauchst es, mehr als Wachtmeister zu werden; dich auf einer Bahn weiter zu bringen, auf der, ohne Geld, auch der Würdigste zurück bleiben kann.

WERNER. Mehr als Wachtmeister zu werden? daran denke ich nicht. Ich bin ein guter Wachtmeister; und dürfte leicht ein schlechter

Rittmeister, und sicherlich noch ein schlechtrer General werden. Die Erfahrung hat man.

VON TELLHEIM. Mache nicht, daß ich etwas Unrechtes von dir denken muß, Werner! Ich habe es nicht gern gehört, was mir Just gesagt hat. Du hast dein Gut verkauft, und willst wieder herum schwärmen. Laß mich nicht von dir glauben, daß du nicht so wohl das Metier, als die wilde, lüderliche Lebensart liebest, die unglücklicher Weise damit verbunden ist. Man muß Soldat sein, für sein Land; oder aus Liebe zu der Sache, für die gefochten wird. Ohne Absicht heute hier, morgen da dienen: heißt wie ein Fleischerknecht reisen, weiter nichts.

WERNER. Nun ja doch, Herr Major; ich will Ihnen folgen. Sie wissen besser, was sich gehört. Ich will bei Ihnen bleiben. – Aber, lieber Major, nehmen Sie doch auch derweile mein Geld. Heut oder morgen muß Ihre Sache aus sein. Sie müssen Geld die Menge bekommen. Sie sollen mir es sodann mit Interessen wieder geben. Ich tu es ja nur der Interessen wegen.

VON TELLHEIM. Schweig davon!

WERNER. Bei meiner armen Seele, ich tu es nur der Interessen wegen! – Wenn ich manchmal dachte: wie wird es mit dir aufs Alter werden? wenn du zu Schanden gehauen bist? wenn du nichts haben wirst? wenn du wirst betteln gehen müssen? So dachte ich wieder: Nein, du wirst nicht betteln gehn; du wirst zum Major Tellheim gehn; der wird seinen letzten Pfennig mit dir teilen; der wird dich zu Tode füttern; bei dem wirst du als ein ehrlicher Kerl sterben können.

VON TELLHEIM *indem er Werners Hand ergreift.* Und, Kamerad, das denkst du nicht noch?

WERNER. Nein, das denk ich nicht mehr. – Wer von mir nichts annehmen will, wenn ers bedarf, und ichs habe; der will mir auch nichts geben, wenn ers hat, und ichs bedarf. – Schon gut! *Will gehen.*

VON TELLHEIM. Mensch, mache mich nicht rasend! Wo willst du hin? *Hält ihn zurück.* Wenn ich dich nun auf meine Ehre versichere, daß ich noch Geld habe; wenn ich dir auf meine Ehre verspreche, daß ich dir es sagen will, wenn ich keines mehr habe; daß du der erste und einzige sein sollst, bei dem ich mir etwas borgen will: – Bist du dann zufrieden?

WERNER. Muß ich nicht? – Geben Sie mir die Hand darauf, Herr Major.

VON TELLHEIM. Da, Paul! – Und nun genug davon. Ich kam hieher, um ein gewisses Mädchen zu sprechen –

Achter Auftritt

Franziska aus dem Zimmer des Fräuleins. von Tellheim. Paul Werner.

FRANZISKA *im Heraustreten.* Sind Sie noch da, Herr Wachtmeister? – *Indem sie den Tellheim gewahr wird.* Und Sie sind auch da, Herr Major? – Den Augenblick bin ich zu Ihren Diensten. *Geht geschwind wieder in das Zimmer.*

Neunter Auftritt

Von Tellheim. Paul Werner.

VON TELLHEIM. Das war sie! – Aber ich höre ja, du kennst sie, Werner?

WERNER. Ja, ich kenne das Frauenzimmerchen. –

VON TELLHEIM. Gleichwohl, wenn ich mich recht erinnere, als ich in Thüringen Winterquartier hatte, warst du nicht bei mir?

WERNER. Nein, da besorgte ich in Leipzig Mundierungsstücke.

VON TELLHEIM. Woher kennst du sie denn also?

WERNER. Unsere Bekanntschaft ist noch blutjung. Sie ist von heute. Aber junge Bekanntschaft ist warm.

VON TELLHEIM. Also hast du ihr Fräulein wohl auch schon gesehen?

WERNER. Ist ihre Herrschaft ein Fräulein? Sie hat mir gesagt, Sie kennten ihre Herrschaft.

VON TELLHEIM. Hörst du nicht? aus Thüringen her.

WERNER. Ist das Fräulein jung?

VON TELLHEIM. Ja.

WERNER. Schön?

VON TELLHEIM. Sehr schön.

WERNER. Reich?

VON TELLHEIM. Sehr reich.

WERNER. Ist Ihnen das Fräulein auch so gut, wie das Mädchen? Das wäre ja vortrefflich!

VON TELLHEIM. Wie meinst du?

Zehnter Auftritt

Franziska wieder heraus, mit einem Brief in der Hand. von Tellheim. Paul Werner.

FRANZISKA. Herr Major –

VON TELLHEIM. Liebe Franziska, ich habe dich noch nicht willkommen heißen können.

FRANZISKA. In Gedanken werden Sie es doch schon getan haben. Ich weiß, Sie sind mir gut. Ich Ihnen auch. Aber das ist gar nicht artig, daß Sie Leute, die Ihnen gut sind, so ängstigen.

WERNER *vor sich.* Ha, nun merk ich. Es ist richtig!

VON TELLHEIM. Mein Schicksal, Franziska! – Hast du ihr den Brief übergeben?

FRANZISKA. Ja, und hier übergebe ich Ihnen – *Reicht ihm den Brief.*

VON TELLHEIM. Eine Antwort? –

FRANZISKA. Nein, Ihren eignen Brief wieder.

VON TELLHEIM. Was? Sie will ihn nicht lesen?

FRANZISKA. Sie wollte wohl; aber – wir können Geschriebenes nicht gut lesen.

VON TELLHEIM. Schäkerin!

FRANZISKA. Und wir denken, daß das Briefschreiben für die nicht erfunden ist, die sich mündlich mit einander unterhalten können, sobald sie wollen.

VON TELLHEIM. Welcher Vorwand! Sie muß ihn lesen. Er enthält meine Rechtfertigung, – alle die Gründe und Ursachen –

FRANZISKA. Die will das Fräulein von Ihnen selbst hören, nicht lesen.

VON TELLHEIM. Von mir selbst hören? Damit mich jedes Wort, jede Miene von ihr verwirre; damit ich in jedem ihrer Blicke die ganze Größe meines Verlusts empfinde? –

FRANZISKA. Ohne Barmherzigkeit! – Nehmen Sie! *Sie gibt ihm den Brief.* Sie erwartet Sie um drei Uhr. Sie will ausfahren, und die Stadt besehen. Sie sollen mit ihr fahren.

VON TELLHEIM. Mit ihr fahren?

FRANZISKA. Und was geben Sie mir, so laß ich Sie beide ganz allein fahren? Ich will zu Hause bleiben.

VON TELLHEIM. Ganz allein?

FRANZISKA. In einem schönen verschloßnen Wagen.

VON TELLHEIM. Unmöglich!

FRANZISKA. Ja, ja; im Wagen muß der Herr Major Katz aushalten; da kann er uns nicht entwischen. Darum geschicht es eben. – Kurz, Sie kommen, Herr Major; und Punkte drei. – Nun? Sie wollten mich ja auch allein sprechen. Was haben Sie mir denn zu sagen? – Ja so, wir sind nicht allein. *Indem sie Wernern ansieht.*

VON TELLHEIM. Doch Franziska; wir wären allein. Aber da das Fräulein den Brief nicht gelesen hat, so habe ich dir noch nichts zu sagen.

FRANZISKA. So? wären wir doch allein? Sie haben vor dem Herrn Wachtmeister keine Geheimnisse?

VON TELLHEIM. Nein, keine.

FRANZISKA. Gleichwohl, dünkt mich, sollten Sie welche vor ihm haben.

VON TELLHEIM. Wie das?

WERNER. Warum das, Frauenzimmerchen?

FRANZISKA. Besonders Geheimnisse von einer gewissen Art. – Alle zwanzig, Herr Wachtmeister? *Indem sie beide Hände mit gespreizten Fingern in die Höhe hält.*

WERNER. St! st! Frauenzimmerchen, Frauenzimmerchen!

VON TELLHEIM. Was heißt das?

FRANZISKA. Husch ists am Finger, Herr Wachtmeister? *Als ob sie einen Ring geschwind ansteckte.*

VON TELLHEIM. Was habt ihr?

WERNER. Frauenzimmerchen, Frauenzimmerchen, Sie wird ja wohl Spaß verstehn?

VON TELLHEIM. Werner, du hast doch nicht vergessen, was ich dir mehrmal gesagt habe; daß man über einen gewissen Punkt mit dem Frauenzimmer nie scherzen muß?

WERNER. Bei meiner armen Seele, ich kanns vergessen haben! – Frauenzimmerchen, ich bitte –

FRANZISKA. Nun wenn es Spaß gewesen ist; dasmal will ich es Ihm verzeihen.

VON TELLHEIM. Wenn ich denn durchaus kommen muß, Franziska: so mache doch nur, daß das Fräulein den Brief vorher noch lieset. Das wird mir die Peinigung ersparen, Dinge noch einmal zu denken, noch einmal zu sagen, die ich so gern vergessen möchte. Da, gib ihr ihn! *Indem er den Brief umkehrt, und ihr ihn zureichen will, wird er gewahr, daß er erbrochen ist.* Aber sehe ich recht? Der Brief, Franziska, ist ja erbrochen.

FRANZISKA. Das kann wohl sein. *Besieht ihn.* Wahrhaftig er ist erbrochen. Wer muß ihn denn erbrochen haben? Doch gelesen haben wir ihn wirklich nicht, Herr Major, wirklich nicht. Wir wollen ihn auch nicht lesen, denn der Schreiber kömmt selbst. Kommen Sie ja; und wissen Sie was, Herr Major? Kommen Sie nicht so, wie Sie da sind; in Stiefeln, kaum frisiert. Sie sind zu entschuldigen; Sie haben uns nicht vermutet. Kommen Sie in Schuhen, und lassen Sie sich frisch frisieren. – So sehen Sie mir gar zu brav, gar zu preußisch aus!

VON TELLHEIM. Ich danke dir, Franziska.

FRANZISKA. Sie sehen aus, als ob Sie vorige Nacht kampiert hätten.

VON TELLHEIM. Du kannst es erraten haben.

FRANZISKA. Wir wollen uns gleich auch putzen, und sodann essen. Wir behielten Sie gern zum Essen, aber Ihre Gegenwart möchte uns an dem Essen hindern; und sehen Sie, so gar verliebt sind wir nicht, daß uns nicht hungerte.

VON TELLHEIM. Ich geh! Franziska, bereite sie indes ein wenig vor; damit ich weder in ihren, noch in meinen Augen verächtlich werden darf. – Komm, Werner, du sollst mit mir essen.

WERNER. An der Wirtstafel, hier im Hause? Da wird mir kein Bissen schmecken.

VON TELLHEIM. Bei mir auf der Stube.

WERNER. So folge ich Ihnen gleich. Nur noch ein Wort mit dem Frauenzimmerchen.

VON TELLHEIM. Das gefällt mir nicht übel! *Geht ab.*

Eilfter Auftritt

Paul Werner. Franziska.

FRANZISKA. Nun, Herr Wachtmeister? –

WERNER. Frauenzimmerchen, wenn ich wiederkomme, soll ich auch geputzter kommen?

FRANZISKA. Komm Er, wie Er will, Herr Wachtmeister; meine Augen werden nichts wider Ihn haben. Aber meine Ohren werden desto mehr auf ihrer Hut gegen Ihn sein müssen. – Zwanzig Finger, alle voller Ringe! Ei, ei, Herr Wachtmeister!

WERNER. Nein, Frauenzimmerchen; eben das wollt ich Ihr noch sagen: die Schnurre fuhr mir nun so heraus! Es ist nichts dran. Man hat ja wohl an Einem Ringe genug. Und hundert und aber hundertmal, habe ich den Major sagen hören: Das muß ein Schurke von einem Soldaten sein, der ein Mädchen anführen kann! – So denk ich auch, Frauenzimmerchen. Verlaß Sie sich darauf! – Ich muß machen, daß ich ihm nachkomme. – Guten Appetit, Frauenzimmerchen! *Geht ab.*

FRANZISKA. Gleichfalls, Herr Wachtmeister! – Ich glaube, der Mann gefällt mir! *Indem sie herein gehen will, kommt ihr das Fräulein entgegen.*

Zwölfter Auftritt

Das Fräulein. Franziska.

DAS FRÄULEIN. Ist der Major schon wieder fort? – Franziska, ich glaube, ich wäre jetzt schon wieder ruhig genug, daß ich ihn hätte hier behalten können.

FRANZISKA. Und ich will Sie noch ruhiger machen.

DAS FRÄULEIN. Desto besser! Sein Brief, o sein Brief! Jede Zeile sprach den ehrlichen, edlen Mann. Jede Weigerung, mich zu besitzen, beteuerte mir seine Liebe. – Er wird es wohl gemerkt haben, daß wir den Brief gelesen. – Mag er doch; wenn er nur kömmt. Er kömmt doch gewiß? – Bloß ein wenig zu viel Stolz, Franziska, scheint mir in seiner Aufführung zu sein. Denn auch seiner Geliebten sein Glück nicht wollen zu danken haben, ist Stolz, unverzeihlicher Stolz! Wenn er mir diesen zu stark merken läßt, Franziska –

FRANZISKA. So wollen Sie seiner entsagen?

DAS FRÄULEIN. Ei, sieh doch! Jammert er dich nicht schon wieder? Nein, liebe Närrin, Eines Fehlers wegen entsagt man keinem Manne. Nein; aber ein Streich ist mir beigefallen, ihn wegen dieses Stolzes mit ähnlichem Stolze ein wenig zu martern.

FRANZISKA. Nun da müssen Sie ja recht sehr ruhig sein, mein Fräulein, wenn Ihnen schon wieder Streiche beifallen.

DAS FRÄULEIN. Ich bin es auch; komm nur. Du wirst deine Rolle dabei zu spielen haben. *Sie gehen herein.*

Ende des dritten Aufzugs.

Vierter Aufzug

Erster Auftritt

Die Szene, das Zimmer des Fräuleins.

Das Fräulein völlig, und reich, aber mit Geschmack gekleidet. Franziska sie stehen vom Tische auf, den ein Bedienter abräumt.

FRANZISKA. Sie können unmöglich satt sein, gnädiges Fräulein.

DAS FRÄULEIN. Meinst du, Franziska? Vielleicht, daß ich mich nicht hungrig niedersetzte.

FRANZISKA. Wir hatten ausgemacht, seiner währender Mahlzeit nicht zu erwähnen. Aber wir hätten uns auch vornehmen sollen, an ihn nicht zu denken.

DAS FRÄULEIN. Wirklich, ich habe an nichts, als an ihn gedacht.

FRANZISKA. Das merkte ich wohl. Ich fing von hundert Dingen an zu sprechen, und Sie antworteten mir auf jedes verkehrt. *Ein andrer Bedienter trägt Kaffee auf.* Hier kömmt eine Nahrung, bei der man eher Grillen machen kann. Der liebe melancholische Kaffee!

DAS FRÄULEIN. Grillen? Ich mache keine. Ich denke bloß der Lektion nach, die ich ihm geben will. Hast du mich recht begriffen, Franziska?

FRANZISKA. O ja; am besten aber wäre es, er ersparte sie uns.

DAS FRÄULEIN. Du wirst sehen, daß ich ihn von Grund aus kenne. Der Mann, der mich jetzt mit allen Reichtümern verweigert, wird mich der ganzen Welt streitig machen, sobald er hört, daß ich unglücklich und verlassen bin.

FRANZISKA *sehr ernsthaft.* Und so was muß die feinste Eigenliebe unendlich kützeln.

DAS FRÄULEIN. Sittenrichterin! Seht doch! vorhin ertappte sie mich auf Eitelkeit; jetzt auf Eigenliebe. – Nun, laß mich nur, liebe Franziska. Du sollst mit deinem Wachtmeister auch machen können, was du willst.

FRANZISKA. Mit meinem Wachtmeister?

DAS FRÄULEIN. Ja, wenn du es vollends leugnest, so ist es richtig. – Ich habe ihn noch nicht gesehen; aber aus jedem Worte, das du mir von ihm gesagt hast, prophezeie ich dir deinen Mann.

Zweiter Auftritt

Riccaut de la Marliniere. Das Fräulein. Franziska.

RICCAUT *noch innerhalb der Szene.* Est-il permis, Monsieur le Major?

FRANZISKA. Was ist das? Will das zu uns? *Gegen die Türe gehend.*

RICCAUT. Parbleu! Ik bin unriktig. – Mais non – Ik bin nit unriktig – C'est sa chambre –

FRANZISKA. Ganz gewiß, gnädiges Fräulein, glaubt dieser Herr, den Major von Tellheim noch hier zu finden.

RICCAUT. Iß so! – Le Major de Tellheim; juste, ma belle enfant, c'est lui que je cherche. Où est-il?

FRANZISKA. Er wohnt nicht mehr hier.

RICCAUT. Comment? nok vor vier un swanzik Stund hier logier? Und logier nit mehr hier? Wo logier er denn?

DAS FRÄULEIN *die auf ihn zu kömmt.* Mein Herr, –

RICCAUT. Ah, Madame, – Mademoiselle – Ihro Gnad verzeih –

DAS FRÄULEIN. Mein Herr, Ihre Irrung ist sehr zu vergeben, und Ihre Verwunderung sehr natürlich. Der Herr Major hat die Güte gehabt, mir, als einer Fremden, die nicht unter zu kommen wußte, sein Zimmer zu überlassen.

RICCAUT. Ah voilà de ses politesses! C'est un très- galant-homme que ce Major!

DAS FRÄULEIN. Wo er indes hingezogen, – wahrhaftig, ich muß mich schämen, es nicht zu wissen.

RICCAUT. Ihro Gnad nit wiß? C'est dommage; j'en suis faché.

DAS FRÄULEIN. Ich hätte mich allerdings darnach erkundigen sollen. Freilich werden ihn seine Freunde noch hier suchen.

RICCAUT. Ik bin sehr von seine Freund, Ihro Gnad –

DAS FRÄULEIN. Franziska, weißt du es nicht?

FRANZISKA. Nein, gnädiges Fräulein.

RICCAUT. Ik hätt ihn zu sprek sehr notwendik. Ik komm ihm bringen eine Nouvelle, davon er sehr frölik sein wird.

DAS FRÄULEIN. Ich betauere um so viel mehr. – Doch hoffe ich, vielleicht bald, ihn zu sprechen. Ist es gleichviel, aus wessen Munde er diese gute Nachricht erfährt, so erbiete ich mich, mein Herr –

RICCAUT. Ik versteh. – Mademoiselle parle françois? Mais sans doute; telle que je la vois! – La demande etoit bien impolie; Vous me pardonnerés, Mademoiselle. –

DAS FRÄULEIN. Mein Herr –

RICCAUT. Nit? Sie sprek nit Französisch, Ihro Gnad?

DAS FRÄULEIN. Mein Herr, in Frankreich würde ich es zu sprechen suchen. Aber warum hier? Ich höre ja, daß Sie mich verstehen, mein Herr. Und ich, mein Herr, werde Sie gewiß auch verstehen; sprechen Sie, wie es Ihnen beliebt.

RICCAUT. Gutt, gutt! Ik kann auk mik auf deutsch explizier. – Sachés
donc, Mademoiselle – Ihro Gnad soll also wiß, daß ik komm von die
Tafel bei der Minister – Minister von – Minister von – wie heiß der
Minister da draus? – in der lange Straß? – auf die breite Platz? –

DAS FRÄULEIN. Ich bin hier noch völlig unbekannt.

RICCAUT. Nun, die Minister von der Kriegsdepartement. – Da haben
ik zu Mittag gespeisen; – ik speisen à l'ordinaire bei ihm, – und da iß
man gekommen reden auf der Major Tellheim; et le Ministre m'a dit en
confidence, car Son Excellence est de mes amis, et il n'y a point de
mystères entre nous – Se. Exzellenz, will ik sag, haben mir vertrau, daß
die Sak von unserm Major sei auf den Point zu enden, und gutt zu
enden. Er habe gemakt ein Rapport an den Könik, und der Könik habe
darauf resolvier, tout-à-fait en faveur du Major. – Monsieur, m'a dit
Son Excellence, Vous comprenés bien, que tout depend de la maniere,
dont on fait envisager les choses au Roi, et Vous me connoissés. Cela
fait un très-joli garçon que ce Tellheim, et ne sais-je pas que Vous
l'aimés? Les amis de mes amis sont aussi les miens. Il coute un peu
cher au Roi ce Tellheim, mais est-ce que l'on sert les Rois pour rien? Il
faut s'entr'aider en ce monde; et quand il s'agit de pertes, que ce soit le
Roi, qui en fasse, et non pas un honnêt-homme de nous autres. Voilà le
principe, dont je ne me depars jamais. – Was sag Ihro Gnad hierzu? Nit
wahr, daß iß ein brav Mann? Ah que Son Excellence a le coeur bien
placé! Er hat mir au reste versiker, wenn der Major nit schon
bekommen habe une Lettre de la main – eine Könikliken Handbrief,
daß er heut infailliblement müsse bekommen einen.

DAS FRÄULEIN. Gewiß, mein Herr, diese Nachricht wird dem Major
von Tellheim höchst angenehm sein. Ich wünschte nur, ihm den
Freund zugleich mit Namen nennen zu können, der so viel Anteil an
seinem Glücke nimmt –

RICCAUT. Mein Namen wünscht Ihro Gnad? – Vous voyés en moi –
Ihro Gnad seh in mik le Chevalier Riccaut de la Marliniere, Seigneur
de Pret-au-val, de la Branche de Prensd'or. – Ihro Gnad steh
verwundert, mik aus so ein groß, groß Familie zu hören, qui est
veritablement du sang Royal. – Il faut le dire; je suis sans doute le
Cadet le plus avantureux, que la maison a jamais eu – Ik dien von
meiner elfte Jahr. Ein Affaire d'honneur makte mik fliehen. Darauf
haben ik gedienet Sr. Päbstliken Eilikheit, der Republik St. Marino, der
Kron Polen, und den Staaten-General, bis ik endlik bin worden
gezogen hierher. Ah, Mademoiselle, que je voudrois n'avoir jamais vû

ce paisla! Hätte man mik gelaß im Dienst von den Staaten-General, so müßt ik nun sein, aufs wenikst Oberst. Aber so hier immer und ewik Capitaine geblieben, und nun gar sein ein abgedankte Capitaine –

DAS FRÄULEIN. Das ist viel Unglück.

RICCAUT. Oui, Mademoiselle, me voilà reformé, et par-là mis sur le pavé!

DAS FRÄULEIN. Ich beklage sehr.

RICCAUT. Vous étes bien bonne, Mademoiselle – Nein, man kenn sik hier nit auf den Verdienst. Einen Mann, wie mik, su reformir! Einen Mann, der sik nok dasu in diesem Dienst hat rouinir! – Ik haben dabei sugesetzt, mehr als swansik tausend Livres. Was hab ik nun? Tranchons le mot; je n'ai pas le sou, et me voilà exactement vis-à-vis du rien. –

DAS FRÄULEIN. Es tut mir ungemein leid.

RICCAUT. Vous étes bien bonne, Mademoiselle. Aber wie man pfleg su sagen: ein jeder Unglück schlepp nak sik seine Bruder; qu'un malheur ne vient jamais seul: so mit mir arrivir. Was ein Hon nêt-homme von mein Extraction kann anders haben für Resource, als das Spiel? Nun hab ik immer gespielen mit Glück, so lang ik hatte nit von nöten der Glück. Nun ik ihr hätte von nöten, Mademoiselle, je joue avec un guignon, qui surpasse toute croyance. Seit funfsehn Tag iß vergangen keine, wo sie mik nit hab gesprenkt. Nok gestern hab sie mik gesprenkt dreimal. Je sais bien, qu'il y avoit quelque chose de plus que le jeu. Car parmi mes pontes se trouvoient certaines Dames – Ik will niks weiter sag. Man muß sein galant gegen die Damen. Sie haben auk mik heut invitir, mir zu geben revanche; mais – Vous m'entendés, Mademoiselle – Man muß erst wiß, wovon leben; ehe man haben kann, wovon su spielen –

DAS FRÄULEIN. Ich will nicht hoffen, mein Herr –

RICCAUT. Vous étes bien bonne, Mademoiselle –

DAS FRÄULEIN *nimmt die Franziska bei Seite.* Franziska, der Mann tauert mich im Ernste. Ob er mir es wohl übel nehmen würde, wenn ich ihm etwas anböte?

FRANZISKA. Der sieht mir nicht darnach aus.

DAS FRÄULEIN. Gut! – Mein Herr, ich höre, – daß Sie spielen; daß Sie Bank machen; ohne Zweifel an Orten, wo etwas zu gewinnen ist. Ich muß Ihnen bekennen, daß ich – gleichfalls das Spiel sehr liebe, –

RICCAUT. Tant mieux, Mademoiselle, tant mieux! Tous les gens d'esprit aiment le jeu à la fureur.

DAS FRÄULEIN. Daß ich sehr gern gewinne; sehr gern mein Geld mit einem Manne wage, der – zu spielen weiß. – Wären Sie wohl geneigt, mein Herr, mich in Gesellschaft zu nehmen? mir einen Anteil an Ihrer Bank zu gönnen?

RICCAUT. Comment, Mademoiselle, Vous voulés étre de moitié avec moi? De tout mon coeur.

DAS FRÄULEIN. Vors erste, nur mit einer Kleinigkeit – *Geht und langt Geld aus ihrer Schatulle.*

RICCAUT. Ah, Mademoiselle, que Vous étes charmante! –

DAS FRÄULEIN. Hier habe ich, was ich ohnlängst gewonnen; nur zehn Pistolen – Ich muß mich zwar schämen, so wenig –

RICCAUT. Donnés toûjours, Mademoiselle, donnés. *Nimmt es.*

DAS FRÄULEIN. Ohne Zweifel, daß Ihre Bank, mein Herr, sehr ansehnlich ist –

RICCAUT. Ja wohl sehr ansehnlik. Sehn Pistol? Ihr Gnad soll sein dafür interessir bei meiner Bank auf ein Dreiteil, pour le tiers. Swar auf ein Dreiteil sollen sein – etwas mehr. Dok mit einer schöne Damen muß man es nehmen nit so genau. Ik gratulier mik, zu kommen dadurk in liaison mit Ihro Gnad, et de ce moment je recommence à bien augurer de ma fortune.

DAS FRÄULEIN. Ich kann aber nicht dabei sein, wenn Sie spielen, mein Herr.

RICCAUT. Was brauk Ihro Gnad dabei su sein? Wir andern Spieler sind ehrlike Leut unter einander.

DAS FRÄULEIN. Wenn wir glücklich sind, mein Herr, so werden Sie mir meinen Anteil schon bringen. Sind wir aber unglücklich –

RICCAUT. So komm ik holen Rekruten. Nit wahr, Ihro Gnad?

DAS FRÄULEIN. Auf die Länge dürften die Rekruten fehlen. Verteidigen Sie unser Geld daher ja wohl, mein Herr.

RICCAUT. Wo für seh mik Ihro Gnad an? Für ein Einfalspinse? für ein dumme Teuff?

DAS FRÄULEIN. Verzeihen Sie mir –

RICCAUT. Je suis des Bons, Mademoiselle. Savés- vous ce que cela veut dire? Ik bin von die Ausgelernt –

DAS FRÄULEIN. Aber doch wohl, mein Herr –

RICCAUT. Je sais monter un coup –

DAS FRÄULEIN *verwundernd.* Sollten Sie?

RICCAUT. Je file la carte avec une adresse –

DAS FRÄULEIN. Nimmermehr!

RICCAUT. Je fais sauter la coupe avec une dexterité –

DAS FRÄULEIN. Sie werden doch nicht, mein Herr? –

RICCAUT. Was nit? Ihro Gnade, was nit? Donnés- moi un pigeonneau à plumer, et –

DAS FRÄULEIN. Falsch spielen? betrügen?

RICCAUT. Comment, Mademoiselle? Vous appellés cela betrügen? Corriger la fortune, l'enchainer sous ses doits, etre sûr de son fait, das

nenn die Deutsch betrügen? betrügen! O, was ist die deutsch Sprak für
ein arm Sprak! für ein plump Sprak!

DAS FRÄULEIN. Nein, mein Herr, wenn Sie so denken –

RICCAUT. Laissés-moi faire, Mademoiselle, und sein Sie ruhik! Was
gehn Sie an, wie ik spiel? – Genug, morgen entweder sehn mik wieder
Ihro Gnad mit hundert Pistol, oder seh mik wieder gar nit – Votre très-
humble, Mademoiselle, votre très- humble – *Eilends ab.*

DAS FRÄULEIN *die ihm mit Erstaunen und Verdruß nachsieht.* Ich
wünsche das letzte, mein Herr, das letzte!

Dritter Auftritt

Das Fräulein. Franziska.

FRANZISKA *erbittert.* Kann ich noch reden? O schön! o schön!

DAS FRÄULEIN. Spotte nur; ich verdiene es. *Nach einem kleinen
Nachdenken, und gelassener.* Spotte nicht, Franziska; ich verdiene es
nicht.

FRANZISKA. Vortrefflich! da haben Sie etwas Allerliebstes getan;
einen Spitzbuben wieder auf die Beine geholfen.

DAS FRÄULEIN. Es war einem Unglücklichen zugedacht.

FRANZISKA. Und was das Beste dabei ist: der Kerl hält Sie für seines
gleichen. – O ich muß ihm nach, und ihm das Geld wieder abnehmen.
Will fort.

DAS FRÄULEIN. Franziska, laß den Kaffee nicht vollends kalt
werden; schenk ein.

FRANZISKA. Er muß es Ihnen wiedergeben; Sie haben sich anders
besonnen; Sie wollen mit ihm nicht in Gesellschaft spielen. Zehn
Pistolen! Sie hörten ja, Fräulein, daß es ein Bettler war! *Das Fräulein
schenkt indes selbst ein.* Wer wird einem Bettler so viel geben? Und

ihm noch dazu die Erniedrigung, es erbettelt zu haben, zu ersparen suchen? Den Mildtätigen, der den Bettler aus Großmut verkennen will, verkennt der Bettler wieder. Nun mögen Sie es haben, Fräulein, wenn er Ihre Gabe, ich weiß nicht wofür, ansieht. – *Und reicht der Franziska eine Tasse.* Wollen Sie mir das Blut noch mehr in Wallung bringen? Ich mag nicht trinken. *Das Fräulein setzt sie wieder weg.* – »Parbleu, Ihro Gnad, man kenn sik hier nit auf den Verdienst« *In dem Tone des Franzosen.* Freilich nicht, wenn man die Spitzbuben so ungehangen herumlaufen läßt.

DAS FRÄULEIN *kalt und nachdenkend, indem sie trinkt.* Mädchen, du verstehst dich so trefflich auf die guten Menschen: aber, wenn willst du die schlechten ertragen lernen? – Und sie sind doch auch Menschen. – Und öfters bei weitem so schlechte Menschen nicht, als sie scheinen. – Man muß ihre gute Seite nur aufsuchen. – Ich bilde mir ein, dieser Franzose ist nichts, als eitel. Aus bloßer Eitelkeit macht er sich zum falschen Spieler; er will mir nicht verbunden scheinen; er will sich den Dank ersparen. Vielleicht, daß er nun hingeht, seine kleine Schulden bezahlt, von dem Reste, so weit er reicht, still und sparsam lebt, und an das Spiel nicht denkt. Wenn das ist, liebe Franziska, so laß ihn Rekruten holen, wenn er will. – *Gibt ihr die Tasse.* Da, setz weg! – Aber, sage mir, sollte Tellheim nicht schon da sein?

FRANZISKA. Nein, gnädiges Fräulein; ich kann beides nicht; weder an einem schlechten Menschen die gute, noch an einem guten Menschen die böse Seite aufsuchen.

DAS FRÄULEIN. Er kömmt doch ganz gewiß? –

FRANZISKA. Er sollte wegbleiben! – Sie bemerken an ihm, an ihm, dem besten Manne, ein wenig Stolz, und darum wollen Sie ihn so grausam necken?

DAS FRÄULEIN. Kömmst du da wieder hin? – Schweig, das will ich nun einmal so. Wo du mir diese Lust verdirbst; wo du nicht alles sagst und tust, wie wir es abgeredet haben! – Ich will dich schon allein mit ihm lassen; und dann – – Jetzt kömmt er wohl.

Vierter Auftritt

Paul Werner der in einer steifen Stellung, gleichsam im Dienste, hereintritt. Das Fräulein.

Franziska.

FRANZISKA. Nein, es ist nur sein lieber Wachtmeister.

DAS FRÄULEIN. Lieber Wachtmeister? Auf wen bezieht sich dieses Lieber?

FRANZISKA. Gnädiges Fräulein, machen Sie mir den Mann nicht verwirrt. – Ihre Dienerin, Herr Wachtmeister; was bringen Sie uns?

WERNER *geht, ohne auf die Franziska zu achten, an das Fräulein.* Der Major von Tellheim läßt an das gnädige Fräulein von Barnhelm durch mich, den Wachtmeister Werner, seinen untertänigen Respekt vermelden, und sagen, daß er sogleich hier sein werde.

DAS FRÄULEIN. Wo bleibt er denn?

WERNER. Ihro Gnaden werden verzeihen; wir sind, noch vor dem Schlage drei, aus dem Quartier gegangen; aber da hat ihn der Kriegszahlmeister unterwegens angeredt; und weil mit dergleichen Herren des Redens immer kein Ende ist: so gab er mir einen Wink, dem gnädigen Fräulein den Vorfall zu rapportieren.

DAS FRÄULEIN. Recht wohl, Herr Wachtmeister. Ich wünsche nur, daß der Kriegszahlmeister dem Major etwas Angenehmes möge zu sagen haben.

WERNER. Das haben dergleichen Herren den Offizieren selten. – Haben Ihro Gnaden etwas zu befehlen? *Im Begriffe wieder zu gehen.*

FRANZISKA. Nun, wo denn schon wieder hin, Herr Wachtmeister? Hätten wir denn nichts mit einander zu plaudern?

WERNER *sachte zur Franziska, und ernsthaft.* Hier nicht, Frauenzimmerchen. Es ist wider den Respekt, wider die Subordination. – Gnädiges Fräulein –

DAS FRÄULEIN. Ich danke für Seine Bemühung, Herr Wachtmeister. – Es ist mir lieb gewesen, Ihn kennen zu lernen. Franziska hat mir viel Gutes von Ihm gesagt. *Werner macht eine steife Verbeugung, und geht ab.*

Fünfter Auftritt

Das Fräulein. Franziska.

DAS FRÄULEIN. Das ist dein Wachtmeister, Franziska?

FRANZISKA. Wegen des spöttischen Tones habe ich nicht Zeit, dieses Dein nochmals aufzumutzen. – – Ja, gnädiges Fräulein, das ist mein Wachtmeister. Sie finden ihn, ohne Zweifel, ein wenig steif und hölzern. Jetzt kam er mir fast auch so vor. Aber ich merke wohl; er glaubte, vor Ihro Gnaden, auf die Parade ziehen zu müssen. Und wenn die Soldaten paradieren, – ja freilich scheinen sie da mehr Drechslerpuppen, als Männer. Sie sollten ihn hingegen nur sehn und hören, wenn er sich selbst gelassen ist.

DAS FRÄULEIN. Das müßte ich denn wohl!

FRANZISKA. Er wird noch auf dem Saale sein. Darf ich nicht gehn, und ein wenig mit ihm plaudern?

DAS FRÄULEIN. Ich versage dir ungern dieses Vergnügen. Du mußt hier bleiben, Franziska. Du mußt bei unserer Unterredung gegenwärtig sein. – Es fällt mir noch etwas bei. *Sie zieht ihren Ring vom Finger.* Da, nimm meinen Ring, verwahre ihn, und gib mir des Majors seinen dafür.

FRANZISKA. Warum das?

DAS FRÄULEIN *indem Franziska den andern Ring holt.* Recht weiß ich es selbst nicht; aber mich dünkt, ich sehe so etwas voraus, wo ich ihn brauchen könnte. – Man pocht – Geschwind gib her! *Sie steckt ihn an.* Er ists!

Sechster Auftritt

Von Tellheim in dem nämlichen Kleide, aber sonst so, wie es Franziska verlangt. Das Fräulein.

Franziska.

VON TELLHEIM. Gnädiges Fräulein, Sie werden mein Verweilen entschuldigen –

DAS FRÄULEIN. O, Herr Major, so gar militärisch wollen wir es mit einander nicht nehmen. Sie sind ja da! Und ein Vergnügen erwarten, ist auch ein Vergnügen. – Nun? *Indem sie ihm lächelnd ins Gesicht sieht.* lieber Tellheim, waren wir nicht vorhin Kinder?

VON TELLHEIM. Ja wohl Kinder, gnädiges Fräulein; Kinder, die sich sperren, wo sie gelassen folgen sollten.

DAS FRÄULEIN. Wir wollen ausfahren, lieber Major, – die Stadt ein wenig zu besehen, – und hernach, meinem Oheim entgegen.

VON TELLHEIM. Wie?

DAS FRÄULEIN. Sehen Sie; auch das Wichtigste haben wir einander noch nicht sagen können. Ja, er trifft noch heut hier ein. Ein Zufall ist Schuld, daß ich, einen Tag früher, ohne ihn angekommen bin.

VON TELLHEIM. Der Graf von Bruchsall? Ist er zurück?

DAS FRÄULEIN. Die Unruhen des Krieges verscheuchten ihn nach Italien; der Friede hat ihn wieder zurückgebracht. – Machen Sie sich keine Gedanken, Tellheim. Besorgten wir schon ehemals das stärkste Hindernis unsrer Verbindung von seiner Seite –

VON TELLHEIM. Unserer Verbindung?

DAS FRÄULEIN. Er ist Ihr Freund. Er hat von zu vielen, zu viel Gutes von Ihnen gehört, um es nicht zu sein. Er brennet, den Mann von Antlitz zu kennen, den seine einzige Erbin gewählt hat. Er kömmt als Oheim, als Vormund, als Vater, mich Ihnen zu übergeben.

VON TELLHEIM. Ah, Fräulein, warum haben Sie meinen Brief nicht gelesen? Warum haben Sie ihn nicht lesen wollen?

DAS FRÄULEIN. Ihren Brief? Ja, ich erinnere mich, Sie schickten mir einen. Wie war es denn mit diesem Briefe, Franziska? Haben wir ihn gelesen, oder haben wir ihn nicht gelesen? Was schrieben Sie mir denn, lieber Tellheim? –

VON TELLHEIM. Nichts, als was mir die Ehre befiehlt.

DAS FRÄULEIN. Das ist, ein ehrliches Mädchen, die Sie liebt, nicht sitzen zu lassen. Freilich befiehlt das die Ehre. Gewiß ich hätte den Brief lesen sollen. Aber was ich nicht gelesen habe, das höre ich ja.

VON TELLHEIM. Ja, Sie sollen es hören –

DAS FRÄULEIN. Nein, ich brauch es auch nicht einmal zu hören. Es versteht sich von selbst. Sie könnten eines so häßlichen Streiches fähig sein, daß Sie mich nun nicht wollten? Wissen Sie, daß ich auf Zeit meines Lebens beschimpft wäre? Meine Landsmänninnen würden mit Fingern auf mich weisen. – »Das ist sie, würde es heißen, das ist das Fräulein von Barnhelm, die sich einbildete, weil sie reich sei, den wackern Tellheim zu bekommen: als ob die wackern Männer für Geld zu haben wären!« So würde es heißen: denn meine Landsmänninnen sind alle neidisch auf mich. Daß ich reich bin, können sie nicht leugnen; aber davon wollen sie nichts wissen, daß ich auch sonst noch ein ziemlich gutes Mädchen bin, das seines Mannes wert ist. Nicht wahr, Tellheim?

VON TELLHEIM. Ja, ja, gnädiges Fräulein, daran erkenne ich Ihre Landsmänninnen. Sie werden Ihnen einen abgedankten, an seiner Ehre gekränkten Offizier, einen Krüppel, einen Bettler, trefflich beneiden.

DAS FRÄULEIN. Und das alles wären Sie? Ich hörte so was, wenn ich mich nicht irre, schon heute Vormittage. Da ist Böses und Gutes unter einander. Lassen Sie uns doch jedes näher beleuchten. – Verabschiedet sind Sie? So höre ich. Ich glaubte, Ihr Regiment sei bloß untergesteckt worden. Wie ist es gekommen, daß man einen Mann von Ihren Verdiensten nicht beibehalten?

VON TELLHEIM. Es ist gekommen, wie es kommen müssen. Die Großen haben sich überzeugt, daß ein Soldat aus Neigung für sie ganz wenig; aus Pflicht nicht viel mehr: aber alles seiner eignen Ehre wegen tut. Was können sie ihm also schuldig zu sein glauben? Der Friede hat ihnen mehrere meines gleichen entbehrlich gemacht; und am Ende ist ihnen niemand unentbehrlich.

DAS FRÄULEIN. Sie sprechen, wie ein Mann sprechen muß, dem die Großen hinwiederum sehr entbehrlich sind. Und niemals waren sie es mehr, als jetzt. Ich sage den Großen meinen großen Dank, daß sie ihre Ansprüche auf einen Mann haben fahren lassen, den ich doch nur sehr ungern mit ihnen geteilet hätte. – Ich bin Ihre Gebieterin, Tellheim; Sie brauchen weiter keinen Herrn. – Sie verabschiedet zu finden, das Glück hätte ich mir kaum träumen lassen! – Doch Sie sind nicht bloß verabschiedet: Sie sind noch mehr. Was sind Sie noch mehr? Ein Krüppel: sagten Sie? Nun, *Indem sie ihn von oben bis unten betrachtet.* der Krüppel ist doch noch ziemlich ganz und gerade; scheinet doch noch ziemlich gesund und stark. – Lieber Tellheim, wenn Sie auf den Verlust Ihrer gesunden Gliedmaßen betteln zu gehen denken: so prophezeie ich Ihnen voraus, daß Sie vor den wenigsten Türen etwas bekommen werden; ausgenommen vor den Türen der gutherzigen Mädchen, wie ich.

VON TELLHEIM. Jetzt höre ich nur das mutwillige Mädchen, liebe Minna.

DAS FRÄULEIN. Und ich höre in Ihrem Verweise nur das Liebe Minna. – Ich will nicht mehr mutwillig sein. Denn ich besinne mich, daß Sie allerdings ein kleiner Krüppel sind. Ein Schuß hat Ihnen den rechten Arm ein wenig gelähmt. – Doch alles wohl überlegt: so ist auch das so schlimm nicht. Um so viel sichrer bin ich vor Ihren Schlägen.

VON TELLHEIM. Fräulein!

DAS FRÄULEIN. Sie wollen sagen: Aber Sie um so viel weniger vor meinen. Nun, nun, lieber Tellheim, ich hoffe, Sie werden es nicht dazu kommen lassen.

VON TELLHEIM. Sie wollen lachen, mein Fräulein. Ich beklage nur, daß ich nicht mit lachen kann.

DAS FRÄULEIN. Warum nicht? Was haben Sie denn gegen das Lachen? Kann man denn auch nicht lachend sehr ernsthaft sein? Lieber

Major, das Lachen erhält uns vernünftiger, als der Verdruß. Der Beweis liegt vor uns. Ihre lachende Freundin beurteilet Ihre Umstände weit richtiger, als Sie selbst. Weil Sie verabschiedet sind, nennen Sie sich an Ihrer Ehre gekränkt: weil Sie einen Schuß in dem Arme haben, machen Sie sich zu einem Krüppel. Ist das so recht? Ist das keine Übertreibung? Und ist es meine Einrichtung, daß alle Übertreibungen des Lächerlichen so fähig sind? Ich wette, wenn ich Ihren Bettler nun vornehme, daß auch dieser eben so wenig Stich halten wird. Sie werden einmal, zweimal, dreimal Ihre Equipage verloren haben; bei dem oder jenem Banquier werden einige Kapitale jetzt mit schwinden; Sie werden diesen und jenen Vorschuß, den Sie im Dienste getan, keine Hoffnung haben, wieder zu erhalten: aber sind Sie darum ein Bettler? Wenn Ihnen auch nichts übrig geblieben ist, als was mein Oheim für Sie mitbringt –

VON TELLHEIM. Ihr Oheim, gnädiges Fräulein, wird für mich nichts mitbringen.

DAS FRÄULEIN. Nichts, als die zweitausend Pistolen, die Sie unsern Ständen so großmütig vorschossen.

VON TELLHEIM. Hätten Sie doch nur meinen Brief gelesen, gnädiges Fräulein!

DAS FRÄULEIN. Nun ja, ich habe ihn gelesen. Aber was ich über diesen Punkt darin gelesen, ist mir ein wahres Rätsel. Unmöglich kann man Ihnen aus einer edlen Handlung ein Verbrechen machen wollen. – Erklären Sie mir doch, lieber Major –

VON TELLHEIM. Sie erinnern sich, gnädiges Fräulein, daß ich Ordre hatte, in den Ämtern Ihrer Gegend die Kontribution mit der äußersten Strenge bar beizutreiben. Ich wollte mir diese Strenge ersparen, und schoß die fehlende Summe selbst vor. –

DAS FRÄULEIN. Ja wohl erinnere ich mich. – Ich liebte Sie um dieser Tat willen, ohne Sie noch gesehen zu haben.

VON TELLHEIM. Die Stände gaben mir ihren Wechsel, und diesen wollte ich, bei Zeichnung des Friedens, unter die zu ratihabierende Schulden eintragen lassen. Der Wechsel ward für gültig erkannt, aber mir ward das Eigentum desselben streitig gemacht. Man zog spöttisch das Maul, als ich versicherte, die Valute bar hergegeben zu haben. Man erklärte ihn für eine Bestechung, für das Gratial der Stände, weil ich sobald mit ihnen auf die niedrigste Summe einig geworden war, mit der ich mich nur im äußersten Notfall zu begnügen, Vollmacht hatte. So kam der Wechsel aus meinen Händen, und wenn er bezahlt wird, wird er sicherlich nicht an mich bezahlt. – Hierdurch, mein Fräulein, halte ich meine Ehre für gekränkt; nicht durch den Abschied, den ich gefordert haben würde, wenn ich ihn nicht bekommen hätte. – Sie sind ernsthaft, mein Fräulein? Warum lachen Sie nicht? Ha, ha, ha! Ich lache ja.

DAS FRÄULEIN. O, ersticken Sie dieses Lachen, Tellheim! Ich beschwöre Sie! Es ist das schreckliche Lachen des Menschenhasses! Nein, Sie sind der Mann nicht, den eine gute Tat reuen kann, weil sie üble Folgen für ihn hat. Nein, unmöglich können diese üble Folgen dauren! Die Wahrheit muß an den Tag kommen. Das Zeugnis meines Oheims, aller unsrer Stände –

VON TELLHEIM. Ihres Oheims! Ihrer Stände! Ha, ha, ha!

DAS FRÄULEIN. Ihr Lachen tötet mich, Tellheim! Wenn Sie an Tugend und Vorsicht glauben, Tellheim, so lachen Sie so nicht! Ich habe nie fürchterlicher fluchen hören, als Sie lachen. – Und lassen Sie uns das Schlimmste setzen! Wenn man Sie hier durchaus verkennen will: so kann man Sie bei uns nicht verkennen. Nein, wir können, wir werden Sie nicht verkennen, Tellheim. Und wenn unsere Stände die geringste Empfindung von Ehre haben, so weiß ich was sie tun müssen. Doch ich bin nicht klug: was wäre das nötig? Bilden Sie sich ein, Tellheim, Sie hätten die zweitausend Pistolen an einem wilden Abende verloren. Der König war eine unglückliche Karte für Sie: die Dame *Auf sich weisend.* wird Ihnen desto günstiger sein. – Die Vorsicht, glauben Sie mir, hält den ehrlichen Mann immer schadlos; und öfters schon im voraus. Die Tat, die Sie einmal um zweitausend Pistolen bringen sollte, erwarb mich Ihnen. Ohne diese Tat, würde ich nie begierig gewesen sein, Sie kennen zu lernen. Sie wissen, ich kam uneingeladen in die erste Gesellschaft, wo ich Sie zu finden glaubte. Ich kam bloß Ihrentwegen. Ich kam in dem festen Vorsatze, Sie zu lieben, – ich liebte Sie schon! – in dem festen Vorsatze, Sie zu besitzen, wenn ich Sie auch so schwarz und häßlich finden sollte, als den Mohr von Venedig. Sie sind so schwarz und häßlich nicht; auch so eifersüchtig werden Sie nicht sein. Aber Tellheim, Tellheim, Sie haben doch noch viel Ähnliches mit ihm! O, über die wilden, unbiegsamen Männer, die nur immer ihr stieres Auge auf das Gespenst der Ehre heften! für alles andere Gefühl sich verhärten! – Hierher Ihr Auge! auf mich, Tellheim! *Der indes vertieft, und unbeweglich, mit starren Augen immer auf eine Stelle gesehen.* Woran denken Sie? Sie hören mich nicht?

VON TELLHEIM *zerstreut.* O ja! Aber sagen Sie mir doch, mein Fräulein, wie kam der Mohr in venetianische Dienste? Hatte der Mohr kein Vaterland? Warum vermietete er seinen Arm und sein Blut einem fremden Staate? –

DAS FRÄULEIN *erschrocken.* Wo sind Sie, Tellheim? – Nun ist es Zeit, daß wir abbrechen; – Kommen Sie! *Indem sie ihn bei der Hand ergreift.* – Franziska, laß den Wagen vorfahren.

VON TELLHEIM *der sich von dem Fräulein los reißt und der Franziska nachgeht.* Nein, Franziska; ich kann nicht die Ehre haben, das Fräulein zu begleiten. – Mein Fräulein, lassen Sie mir noch heute meinen gesunden Verstand, und beurlauben Sie mich. Sie sind auf dem besten Wege, mich darum zu bringen. Ich stemme mich, so viel ich kann. – Aber weil ich noch bei Verstande bin: so hören Sie, mein Fräulein, was ich fest beschlossen habe; wovon mich nichts in der Welt abbringen soll. – Wenn nicht noch ein glücklicher Wurf für mich im Spiele ist, wenn sich das Blatt nicht völlig wendet, wenn –

DAS FRÄULEIN. Ich muß Ihnen ins Wort fallen, Herr Major. – Das hätten wir ihm gleich sagen sollen, Franziska. Du erinnerst mich auch an gar nichts. – Unser Gespräch würde ganz anders gefallen sein, Tellheim, wenn ich mit der guten Nachricht angefangen hätte, die Ihnen der Chevalier de la Marliniere nur eben zu bringen kam.

VON TELLHEIM. Der Chevalier de la Marliniere? Wer ist das?

FRANZISKA. Es mag ein ganz guter Mann sein, Herr Major, bis auf –

DAS FRÄULEIN. Schweig, Franziska! – Gleichfalls ein verabschiedeter Offizier, der aus holländischen Diensten –

VON TELLHEIM. Ha! der Lieutenant Riccaut!

DAS FRÄULEIN. Er versicherte, daß er Ihr Freund sei.

VON TELLHEIM. Ich versichere, daß ich seiner nicht bin.

DAS FRÄULEIN. Und daß ihm, ich weiß nicht welcher Minister, vertrauet habe, Ihre Sache sei dem glücklichsten Ausgange nahe. Es müsse ein Königliches Handschreiben an Sie unterwegens sein. –

VON TELLHEIM. Wie kämen Riccaut und ein Minister zusammen? – Etwas zwar muß in meiner Sache geschehen sein. Denn nur jetzt erklärte mir der Kriegszahlmeister, daß der König alles niedergeschlagen habe, was wider mich urgieret worden; und daß ich mein schriftlich gegebenes Ehrenwort, nicht eher von hier zu gehen, als bis man mich völlig entladen habe, wieder zurücknehmen könne. – Das wird es aber auch alles sein. Man wird mich wollen laufen lassen. Allein man irrt sich; ich werde nicht laufen. Eher soll mich hier das äußerste Elend, vor den Augen meiner Verleumder, verzehren –

DAS FRÄULEIN. Hartnäckiger Mann!

VON TELLHEIM. Ich brauche keine Gnade; ich will Gerechtigkeit. Meine Ehre –

DAS FRÄULEIN. Die Ehre eines Mannes, wie Sie –

VON TELLHEIM *hitzig.* Nein, mein Fräulein, Sie werden von allen Dingen recht gut urteilen können, nur hierüber nicht. Die Ehre ist nicht die Stimme unsers Gewissens, nicht das Zeugnis weniger Rechtschaffenen – –

DAS FRÄULEIN. Nein, nein, ich weiß wohl. – Die Ehre ist – die Ehre.

VON TELLHEIM. Kurz, mein Fräulein, – Sie haben mich nicht ausreden lassen. – Ich wollte sagen: wenn man mir das Meinige so schimpflich vorenthält, wenn meiner Ehre nicht die vollkommenste Genugtuung geschieht; so kann ich, mein Fräulein, der Ihrige nicht sein. Denn ich bin es in den Augen der Welt nicht wert, zu sein. Das Fräulein von Barnhelm verdienet einen unbescholtenen Mann. Es ist eine nichtswürdige Liebe, die kein Bedenken trägt, ihren Gegenstand der Verachtung auszusetzen. Es ist ein nichtswürdiger Mann, der sich nicht schämet, sein ganzes Glück einem Frauenzimmer zu verdanken, dessen blinde Zärtlichkeit –

DAS FRÄULEIN. Und das ist Ihr Ernst, Herr Major? – *Indem sie ihm plötzlich den Rücken wendet.* Franziska!

VON TELLHEIM. Werden Sie nicht ungehalten, mein Fräulein –

DAS FRÄULEIN *bei Seite zur Franziska.* Jetzt wäre es Zeit! Was rätst du mir, Franziska? –

FRANZISKA. Ich rate nichts. Aber freilich macht er es Ihnen ein wenig zu bunt. –

VON TELLHEIM *der sie zu unterbrechen kömmt.* Sie sind ungehalten, mein Fräulein –

DAS FRÄULEIN *höhnisch.* Ich? im geringsten nicht.

VON TELLHEIM. Wenn ich Sie weniger liebte, mein Fräulein –

DAS FRÄULEIN *noch in diesem Tone.* O gewiß, es wäre mein Unglück! – Und sehen Sie, Herr Major, ich will Ihr Unglück auch nicht. – Man muß ganz uneigennützig lieben. – Eben so gut, daß ich nicht offenherziger gewesen bin! Vielleicht würde mir Ihr Mitleid gewähret haben, was mir Ihre Liebe versagt. – *Indem sie den Ring langsam vom Finger zieht.*

VON TELLHEIM. Was meinen Sie damit, Fräulein?

DAS FRÄULEIN. Nein, keines muß das andere, weder glücklicher noch unglücklicher machen. So will es die wahre Liebe! Ich glaube Ihnen, Herr Major; und Sie haben zu viel Ehre, als daß Sie die Liebe verkennen sollten.

VON TELLHEIM. Spotten Sie, mein Fräulein?

DAS FRÄULEIN. Hier! Nehmen Sie den Ring wieder zurück, mit dem Sie mir Ihre Treue verpflichtet. *Überreicht ihm den Ring.* Es sei drum! Wir wollen einander nicht gekannt haben!

VON TELLHEIM. Was höre ich?

DAS FRÄULEIN. Und das befremdet Sie? – Nehmen Sie, mein Herr. – Sie haben sich doch wohl nicht bloß gezieret?

VON TELLHEIM *indem er den Ring aus ihrer Hand nimmt.* Gott! So kann Minna sprechen! –

DAS FRÄULEIN. Sie können der Meinige in Einem Falle nicht sein: ich kann die Ihrige, in keinem sein. Ihr Unglück ist wahrscheinlich; meines ist gewiß – Leben Sie wohl! *Will fort.*

VON TELLHEIM. Wohin, liebste Minna? –

DAS FRÄULEIN. Mein Herr, Sie beschimpfen mich jetzt mit dieser vertraulichen Benennung.

VON TELLHEIM. Was ist Ihnen, mein Fräulein? Wohin?

DAS FRÄULEIN. Lassen Sie mich. – Meine Tränen vor Ihnen zu verbergen, Verräter! *Geht ab.*

Siebenter Auftritt

Von Tellheim. Franziska.

VON TELLHEIM. Ihre Tränen? Und ich sollte sie lassen? *Will ihr nach.*

FRANZISKA *die ihn zurückhält.* Nicht doch, Herr Major! Sie werden ihr ja nicht in ihr Schlafzimmer folgen wollen?

VON TELLHEIM. Ihr Unglück? Sprach sie nicht von Unglück?

FRANZISKA. Nun freilich; das Unglück, Sie zu verlieren, nachdem –

VON TELLHEIM. Nachdem? was nachdem? Hier hinter steckt mehr. Was ist es, Franziska? Rede, sprich –

FRANZISKA. Nachdem sie, wollte ich sagen, – Ihnen so vieles aufgeopfert.

VON TELLHEIM. Mir aufgeopfert?

FRANZISKA. Hören Sie nur kurz. – Es ist für Sie recht gut, Herr Major, daß Sie auf diese Art von ihr los gekommen sind. – Warum soll ich es Ihnen nicht sagen? Es kann doch länger kein Geheimnis bleiben. – Wir sind entflohen! – Der Graf von Bruchsall hat das Fräulein enterbt, weil sie keinen Mann von seiner Hand annehmen wollte. Alles verließ, alles verachtete sie hierauf. Was sollten wir tun? Wir entschlossen uns denjenigen aufzusuchen, dem wir –

VON TELLHEIM. Ich habe genug! – Komm, ich muß mich zu ihren Füßen werfen.

FRANZISKA. Was denken Sie? Gehen Sie vielmehr, und danken Ihrem guten Geschicke –

VON TELLHEIM. Elende! für wen hältst du mich? – Nein, liebe Franziska, der Rat kam nicht aus deinem Herzen. Vergib meinem Unwillen!

FRANZISKA. Halten Sie mich nicht länger auf. Ich muß sehen, was sie macht. Wie leicht könnte ihr etwas zugestoßen sein. – Gehen Sie! Kommen Sie lieber wieder, wenn Sie wieder kommen wollen. *Geht dem Fräulein nach.*

Achter Auftritt

VON TELLHEIM. Aber, Franziska! – O, ich erwarte euch hier! – Nein, das ist dringender! – Wenn sie Ernst sieht, kann mir ihre Vergebung nicht entstehen. – Nun brauch ich dich, ehrlicher Werner! – Nein, Minna, ich bin kein Verräter! *Eilends ab.*

Ende des vierten Aufzuges.

Fünfter Aufzug

Erster Auftritt

Die Szene, der Saal.

Von Tellheim von der einen und Werner von der andern Seite.

VON TELLHEIM. Ha, Werner! ich suche dich überall. Wo steckst du?

WERNER. Und ich habe Sie gesucht, Herr Major; so gehts mit dem Suchen. – Ich bringe Ihnen gar eine gute Nachricht.

VON TELLHEIM. Ah, ich brauche jetzt nicht deine Nachrichten: ich brauche dein Geld. Geschwind, Werner, gib mir so viel du hast; und denn suche so viel aufzubringen, als du kannst.

WERNER. Herr Major? – Nun, bei meiner armen Seele, habe ichs doch gesagt: er wird Geld von mir borgen, wenn er selber welches zu verleihen hat.

VON TELLHEIM. Du suchst doch nicht Ausflüchte?

WERNER. Damit ich ihm nichts vorzuwerfen habe, so nimmt er mirs mit der Rechten, und gibt mirs mit der Linken wieder.

VON TELLHEIM. Halte mich nicht auf, Werner! – Ich habe den guten Willen, dir es wieder zu geben; aber wenn und wie? – Das weiß Gott!

WERNER. Sie wissen es also noch nicht, daß die Hofstaatskasse Ordre hat, Ihnen Ihre Gelder zu bezahlen? Eben erfuhr ich es bei –

VON TELLHEIM. Was plauderst du? Was lässest du dir weis machen? Begreifst du denn nicht, daß, wenn es wahr wäre, ich es doch wohl am ersten wissen müßte? – Kurz, Werner, Geld! Geld!

WERNER. Je nu, mit Freuden! hier ist was! – Das sind die hundert Louisdor, und das die hundert Dukaten. – *Gibt ihm beides.*

VON TELLHEIM. Die hundert Louisdor, Werner, geh und bringe Justen. Er soll sogleich den Ring wieder einlösen, den er heute früh versetzt hat. – Aber wo wirst du mehr hernehmen, Werner? – Ich brauche weit mehr.

WERNER. Dafür lassen Sie mich sorgen. – Der Mann, der mein Gut gekauft hat, wohnt in der Stadt. Der Zahlungstermin wäre zwar erst in vierzehn Tagen; aber das Geld liegt parat, und ein halb Prozentchen Abzug –

VON TELLHEIM. Nun ja, lieber Werner! – Siehst du, daß ich meine einzige Zuflucht zu dir nehme? – Ich muß dir auch alles vertrauen. Das Fräulein hier, – du hast sie gesehn, – ist unglücklich –

WERNER. O Jammer!

VON TELLHEIM. Aber morgen ist sie meine Frau –

WERNER. O Freude!

VON TELLHEIM. Und übermorgen, geh ich mit ihr fort. Ich darf fort; ich will fort. Lieber hier alles im Stiche gelassen! Wer weiß, wo mir sonst ein Glück aufgehoben ist. Wenn du willst, Werner, so komm mit. Wir wollen wieder Dienste nehmen.

WERNER. Wahrhaftig? – Aber doch wos Krieg gibt, Herr Major?

VON TELLHEIM. Wo sonst? – Geh, lieber Werner, wir sprechen davon weiter.

WERNER. O Herzensmajor! – Übermorgen? Warum nicht lieber morgen? – Ich will schon alles zusammenbringen – In Persien, Herr Major, gibts einen trefflichen Krieg; was meinen Sie?

VON TELLHEIM. Wir wollen das überlegen; geh nur, Werner! –

WERNER. Juchhe! es lebe der Prinz Heraklius! *Geht ab.*

Zweiter Auftritt

VON TELLHEIM. Wie ist mir? – Meine ganze Seele hat neue
Triebfedern bekommen. Mein eignes Unglück schlug mich nieder;
machte mich ärgerlich, kurzsichtig, schüchtern, lässig: ihr Unglück
hebt mich empor, ich sehe wieder frei um mich, und fühle mich willig
und stark, alles für sie zu unternehmen – Was verweile ich? *Will nach
dem Zimmer des Fräuleins, aus dem ihm Franziska entgegen kömmt.*

Dritter Auftritt

Franziska. von Tellheim.

FRANZISKA. Sind Sie es doch? – Es war mir, als ob ich Ihre Stimme
hörte. – Was wollen Sie, Herr Major?

VON TELLHEIM. Was ich will? – Was macht dein Fräulein? –
Komm! –

FRANZISKA. Sie will den Augenblick ausfahren.

VON TELLHEIM. Und allein? ohne mich? wohin?

FRANZISKA. Haben Sie vergessen, Herr Major?

VON TELLHEIM. Bist du nicht klug, Franziska? – Ich habe sie
gereizt, und sie ward empfindlich: ich werde sie um Vergebung bitten,
und sie wird mir vergeben.

FRANZISKA. Wie? – Nachdem Sie den Ring zurückgenommen, Herr
Major?

VON TELLHEIM. Ha! – das tat ich in der Betäubung. – Jetzt denk ich
erst wieder an den Ring. – Wo habe ich ihn hingesteckt? – *Er sucht
ihn.* Hier ist er.

FRANZISKA. Ist er das? *Indem er ihn wieder einsteckt, bei Seite.*
Wenn er ihn doch genauer besehen wollte!

VON TELLHEIM. Sie drang mir ihn auf, mit einer Bitterkeit – Ich habe diese Bitterkeit schon vergessen. Ein volles Herz kann die Worte nicht wägen. – Aber sie wird sich auch keinen Augenblick weigern, den Ring wieder anzunehmen. – Und habe ich nicht noch ihren?

FRANZISKA. Den erwartet sie dafür zurück. – Wo haben Sie ihn denn, Herr Major? Zeigen Sie mir ihn doch.

VON TELLHEIM *etwas verlegen.* Ich habe – ihn anzustecken vergessen. – Just – Just wird mir ihn gleich nachbringen.

FRANZISKA. Es ist wohl einer ziemlich wie der andere; lassen Sie mich doch diesen sehen; ich sehe so was gar zu gern.

VON TELLHEIM. Ein andermal, Franziska. Jetzt komm –

FRANZISKA *bei Seite.* Er will sich durchaus nicht aus seinem Irrtume bringen lassen.

VON TELLHEIM. Was sagst du? Irrtume?

FRANZISKA. Es ist ein Irrtum, sag ich, wenn Sie meinen, daß das Fräulein doch noch eine gute Partie sei. Ihr eigenes Vermögen ist gar nicht beträchtlich; durch ein wenig eigennützige Rechnungen, können es ihr die Vormünder völlig zu Wasser machen. Sie erwartete alles von dem Oheim; aber dieser grausame Oheim –

VON TELLHEIM. Laß ihn doch! – Bin ich nicht Manns genug, ihr einmal alles zu ersetzen? –

FRANZISKA. Hören Sie? Sie klingelt; ich muß herein.

VON TELLHEIM. Ich gehe mit dir.

FRANZISKA. Um des Himmels willen nicht! Sie hat mir ausdrücklich verboten, mit Ihnen zu sprechen. Kommen Sie wenigstens mir erst nach. – *Geht herein.*

Vierter Auftritt

VON TELLHEIM *ihr nachrufend.* Melde mich ihr! – Sprich für mich, Franziska! – Ich folge dir sogleich! – Was werde ich ihr sagen? – Wo das Herz reden darf, braucht es keiner Vorbereitung. – Das einzige möchte eine studierte Wendung bedürfen: ihre Zurückhaltung, ihre Bedenklichkeit, sich als unglücklich in meine Arme zu werfen; ihre Beflissenheit, mir ein Glück vorzuspiegeln, das sie durch mich verloren hat. Dieses Mißtrauen in meine Ehre, in ihren eigenen Wert, vor ihr selbst zu entschuldigen, vor ihr selbst – Vor mir ist es schon entschuldiget! – Ha! hier kömmt sie. –

Fünfter Auftritt

Das Fräulein. Franziska. von Tellheim.

DAS FRÄULEIN *im Heraustreten, als ob sie den Major nicht gewahr würde.* Der Wagen ist doch vor der Türe, Franziska? – Meinen Fächer! –

VON TELLHEIM *auf sie zu.* Wohin, mein Fräulein?

DAS FRÄULEIN *mit einer affektierten Kälte.* Aus, Herr Major. – Ich errate, warum Sie sich nochmals her bemühet haben: mir auch meinen Ring wieder zurück zu geben. – Wohl, Herr Major; haben Sie nur die Güte, ihn der Franziska einzuhändigen. – Franziska, nimm dem Herrn Major den Ring ab! – Ich habe keine Zeit zu verlieren. *Will fort.*

VON TELLHEIM *der ihr vortritt.* Mein Fräulein! – Ah, was habe ich erfahren, mein Fräulein! Ich war so vieler Liebe nicht wert.

DAS FRÄULEIN. So, Franziska? Du hast dem Herrn Major –

FRANZISKA. Alles entdeckt.

VON TELLHEIM. Zürnen Sie nicht auf mich, mein Fräulein. Ich bin kein Verräter. Sie haben um mich, in den Augen der Welt, viel verloren, aber nicht in meinen. In meinen Augen haben Sie unendlich durch diesen Verlust gewonnen. Er war Ihnen noch zu neu; Sie fürchteten, er möchte einen allzunachteiligen Eindruck auf mich machen; Sie wollten mir ihn vors erste verbergen. Ich beschwere mich nicht über dieses Mißtrauen. Es entsprang aus dem Verlangen, mich zu erhalten. Dieses Verlangen ist mein Stolz! Sie fanden mich selbst unglücklich; und Sie wollten Unglück nicht mit Unglück häufen. Sie konnten nicht vermuten, wie sehr mich Ihr Unglück über das meinige hinaus setzen würde.

DAS FRÄULEIN. Alles recht gut, Herr Major! Aber es ist nun einmal geschehen. Ich habe Sie Ihrer Verbindlichkeit erlassen; Sie haben durch Zurücknehmung des Ringes –

VON TELLHEIM. In nichts gewilliget! – Vielmehr halte ich mich jetzt für gebundener, als jemals. – Sie sind die Meinige, Minna, auf ewig die Meinige. *Zieht den Ring heraus.* Hier, empfangen Sie es zum zweitenmale, das Unterpfand meiner Treue –

DAS FRÄULEIN. Ich diesen Ring wiedernehmen? diesen Ring?

VON TELLHEIM. Ja, liebste Minna, ja!

DAS FRÄULEIN. Was muten Sie mir zu? diesen Ring?

VON TELLHEIM. Diesen Ring nahmen Sie das erstemal aus meiner Hand, als unser beider Umstände einander gleich, und glücklich waren. Sie sind nicht mehr glücklich, aber wiederum einander gleich. Gleichheit ist immer das festeste Band der Liebe. – Erlauben Sie, liebste Minna! – *Ergreift ihre Hand, um ihr den Ring anzustecken.*

DAS FRÄULEIN. Wie? mit Gewalt, Herr Major? – Nein, da ist keine Gewalt in der Welt, die mich zwingen soll, diesen Ring wieder anzunehmen! – – Meinen Sie etwa, daß es mir an einem Ringe fehlt? – O, Sie sehen ja wohl, *Auf ihren Ring zeigend.* daß ich hier noch einen habe, der Ihrem nicht das geringste nachgibt? –

FRANZISKA. Wenn er es noch nicht merkt! –

VON TELLHEIM *indem er die Hand des Fräuleins fahren läßt.* Was ist das? – Ich sehe das Fräulein von Barnhelm, aber ich höre es nicht. – Sie zieren sich, mein Fräulein. – Vergeben Sie, daß ich Ihnen dieses Wort nachbrauche.

DAS FRÄULEIN *in ihrem wahren Tone.* Hat Sie dieses Wort beleidiget, Herr Major?

VON TELLHEIM. Es hat mir weh getan.

DAS FRÄULEIN *gerührt.* Das sollte es nicht, Tellheim. – Verzeihen Sie mir, Tellheim.

VON TELLHEIM. Ha, dieser vertrauliche Ton sagt mir, daß Sie wieder zu sich kommen, mein Fräulein; daß Sie mich noch lieben, Minna. –

FRANZISKA *herausplatzend.* Bald wäre der Spaß auch zu weit gegangen. –

DAS FRÄULEIN *gebieterisch.* Ohne dich in unser Spiel zu mengen, Franziska, wenn ich bitten darf! –

FRANZISKA *bei Seite und betroffen.* Noch nicht genug?

DAS FRÄULEIN. Ja, mein Herr; es wäre weibliche Eitelkeit, mich kalt und höhnisch zu stellen. Weg damit! Sie verdienen es, mich eben so wahrhaft zu finden, als Sie selbst sind. – Ich liebe Sie noch, Tellheim, ich liebe Sie noch; aber dem ohngeachtet –

VON TELLHEIM. Nicht weiter, liebste Minna, nicht weiter! *Ergreift ihre Hand nochmals, ihr den Ring anzustecken.*

DAS FRÄULEIN *die ihre Hand zurück zieht.* Dem ohngeachtet, – um so vielmehr werde ich dieses nimmermehr geschehen lassen; nimmermehr! – Wo denken Sie hin, Herr Major? – Ich meinte, Sie hätten an Ihrem eigenen Unglücke genug. – Sie müssen hier bleiben; Sie müssen sich die allervollständigste Genugtuung – ertrotzen. Ich weiß in der Geschwindigkeit kein ander Wort. – Ertrotzen, – und sollte Sie auch das äußerste Elend, vor den Augen Ihrer Verleumder, darüber verzehren!

VON TELLHEIM. So dacht ich, so sprach ich, als ich nicht wußte, was ich dachte und sprach. Ärgernis und verbissene Wut hatten meine ganze Seele umnebelt; die Liebe selbst, in dem vollesten Glanze des Glücks, konnte sich darin nicht Tag schaffen. Aber sie sendet ihre Tochter, das Mitleid, die, mit dem finstern Schmerze vertrauter, die

Nebel zerstreuet, und alle Zugänge meiner Seele den Eindrücken der Zärtlichkeit wiederum öffnet. Der Trieb der Selbsterhaltung erwacht, da ich etwas Kostbarers zu erhalten habe, als mich, und es durch mich zu erhalten habe. Lassen Sie sich, mein Fräulein, das Wort Mitleid nicht beleidigen. Von der unschuldigen Ursache unsers Unglücks, können wir es ohne Erniedrigung hören. Ich bin diese Ursache; durch mich, Minna, verlieren Sie Freunde und Anverwandte, Vermögen und Vaterland. Durch mich, in mir müssen Sie alles dieses wiederfinden, oder ich habe das Verderben der Liebenswürdigsten Ihres Geschlechts auf meiner Seele. Lassen Sie mich keine Zukunft denken, wo ich mich selbst hassen müßte. – Nein, nichts soll mich hier länger halten. Von diesem Augenblicke an, will ich dem Unrechte, das mir hier widerfährt, nichts als Verachtung entgegen setzen. Ist dieses Land die Welt? Geht hier allein die Sonne auf? Wo darf ich nicht hinkommen? Welche Dienste wird man mir verweigern? Und müßte ich sie unter dem entferntesten Himmel suchen: folgen Sie mir nur getrost, liebste Minna; es soll uns an nichts fehlen. – Ich habe einen Freund, der mich gern unterstützet. –

Sechster Auftritt

Ein Feldjäger. Von Tellheim. Das Fräulein. Franziska.

FRANZISKA *indem sie den Feldjäger gewahr wird.* St! Herr Major –

VON TELLHEIM *gegen den Feldjäger.* Zu wem wollen Sie?

DER FELDJÄGER. Ich suche den Herrn Major von Tellheim. – Ah, Sie sind es ja selbst. Mein Herr Major, dieses Königliche Handschreiben *Das er aus seiner Brieftasche nimmt.* habe ich an Sie zu übergeben.

VON TELLHEIM. An mich?

DER FELDJÄGER. Zufolge der Aufschrift –

DAS FRÄULEIN. Franziska, hörst du? – Der Chevalier hat doch wahr geredet!

DER FELDJÄGER *indem Tellheim den Brief nimmt.* Ich bitte um Verzeihung, Herr Major; Sie hätten es bereits gestern erhalten sollen; aber es ist mir nicht möglich gewesen, Sie auszufragen. Erst heute, auf der Parade, habe ich Ihre Wohnung von dem Lieutenant Riccaut erfahren.

FRANZISKA. Gnädiges Fräulein, hören Sie? – Das ist des Chevaliers Minister. – »Wie heißen der Minister, da draus auf die breite Platz?« –

VON TELLHEIM. Ich bin Ihnen für Ihre Mühe sehr verbunden.

DER FELDJÄGER. Es ist meine Schuldigkeit, Herr Major. *Geht ab.*

Siebender Auftritt

Von Tellheim. Das Fräulein. Franziska.

VON TELLHEIM. Ah, mein Fräulein, was habe ich hier? Was enthält dieses Schreiben?

DAS FRÄULEIN. Ich bin nicht befugt, meine Neugierde so weit zu erstrecken.

VON TELLHEIM. Wie? Sie trennen mein Schicksal noch von dem Ihrigen? – Aber warum steh ich an, es zu erbrechen? – Es kann mich nicht unglücklicher machen, als ich bin; nein, liebste Minna, es kann uns nicht unglücklicher machen; – wohl aber glücklicher! – Erlauben Sie, mein Fräulein! *Erbricht und lieset den Brief, indes daß der Wirt an die Szene geschlichen kömmt.*

Achter Auftritt

Der Wirt. Die Vorigen.

DER WIRT *gegen die Franziska.* Bst! mein schönes Kind! auf ein Wort!

FRANZISKA *die sich ihm nähert.* Herr Wirt? – Gewiß, wir wissen selbst noch nicht, was in dem Briefe steht.

DER WIRT. Wer will vom Briefe wissen? – Ich komme des Ringes wegen. Das gnädige Fräulein muß mir ihn gleich wiedergeben. Just ist da, er soll ihn wieder einlösen.

DAS FRÄULEIN *die sich indes gleichfalls dem Wirte genähert.* Sagen Sie Justen nur, daß er schon eingelöset sei; und sagen Sie ihm nur von wem; von mir.

DER WIRT. Aber –

DAS FRÄULEIN. Ich nehme alles auf mich; gehen Sie doch!

Der Wirt geht ab.

Neunter Auftritt

Von Tellheim. Das Fräulein. Franziska.

FRANZISKA. Und nun, gnädiges Fräulein, lassen Sie es mit dem armen Major gut sein.

DAS FRÄULEIN. O, über die Vorbitterin! Als ob der Knoten sich nicht von selbst bald lösen müßte.

VON TELLHEIM *nachdem er gelesen, mit der lebhaftesten Rührung.* Ha! er hat sich auch hier nicht verleugnet! – O, mein Fräulein, welche Gerechtigkeit! – Welche Gnade! – Das ist mehr, als ich erwartet! – Mehr, als ich verdiene! – Mein Glück, meine Ehre, alles ist wiederhergestellt! – Ich träume doch nicht? *Indem er wieder in den Brief sieht, als um sich nochmals zu überzeugen.* Nein, kein Blendwerk meiner Wünsche! – Lesen Sie selbst, mein Fräulein; lesen Sie selbst!

DAS FRÄULEIN. Ich bin nicht so unbescheiden, Herr Major.

VON TELLHEIM. Unbescheiden? Der Brief ist an mich; an Ihren Tellheim, Minna. Er enthält, – was Ihnen Ihr Oheim nicht nehmen kann. Sie müssen ihn lesen; lesen Sie doch!

DAS FRÄULEIN. Wenn Ihnen ein Gefalle damit geschieht, Herr Major – *Sie nimmt den Brief und lieset.*

»Mein lieber Major von Tellheim!

Ich tue Euch zu wissen, daß der Handel, der mich um Eure Ehre besorgt machte, sich zu Eurem Vorteil aufgekläret hat. Mein Bruder war des Nähern davon unterrichtet, und sein Zeugnis hat Euch für mehr als unschuldig erkläret. Die Hofstaatskasse hat Ordre, Euch den bewußten Wechsel wieder auszuliefern, und die getanen Vorschüsse zu bezahlen; auch habe ich befohlen, daß alles, was die Feldkriegskassen wider Eure Rechnungen urgieren, niedergeschlagen werde. Meldet mir, ob Euch Eure Gesundheit erlaubet, wieder Dienste zu nehmen. Ich möchte nicht gern einen Mann von Eurer Bravour und Denkungsart entbehren. Ich bin Euer wohlaffektionierter König etc.«

VON TELLHEIM. Nun, was sagen Sie hierzu? mein Fräulein?

DAS FRÄULEIN *indem sie den Brief wieder zusammenschlägt, und zurückgibt.* Ich? nichts.

VON TELLHEIM. Nichts?

DAS FRÄULEIN. Doch ja: daß Ihr König, der ein großer Mann ist, auch wohl ein guter Mann sein mag. – Aber was geht mich das an? Er ist nicht mein König.

VON TELLHEIM. Und sonst sagen Sie nichts? Nichts von Rücksicht auf uns selbst?

DAS FRÄULEIN. Sie treten wieder in seine Dienste; der Herr Major wird Oberstlieutenant, Oberster vielleicht. Ich gratuliere von Herzen.

VON TELLHEIM. Und Sie kennen mich nicht besser? – Nein, da mir das Glück soviel zurückgibt, als genug ist, die Wünsche eines vernünftigen Mannes zu befriedigen, soll es einzig von meiner Minna abhangen, ob ich sonst noch jemanden wieder zugehören soll, als ihr. Ihrem Dienste allein sei mein ganzes Leben gewidmet! Die Dienste der

Großen sind gefährlich, und lohnen der Mühe, des Zwanges, der Erniedrigung nicht, die sie kosten. Minna ist keine von den Eiteln, die in ihren Männern nichts als den Titel und die Ehrenstelle lieben. Sie wird mich um mich selbst lieben; und ich werde um sie die ganze Welt vergessen. Ich ward Soldat, aus Parteilichkeit, ich weiß selbst nicht für welche politische Grundsätze, und aus der Grille, daß es für jeden ehrlichen Mann gut sei, sich in diesem Stande eine Zeitlang zu versuchen, um sich mit allem, was Gefahr heißt, vertraulich zu machen, und Kälte und Entschlossenheit zu lernen. Nur die äußerste Not hätte mich zwingen können, aus diesem Versuche eine Bestimmung, aus dieser gelegentlichen Beschäftigung ein Handwerk zu machen. Aber nun, da mich nichts mehr zwingt, nun ist mein ganzer Ehrgeiz wiederum einzig und allein, ein ruhiger und zufriedener Mensch zu sein. Der werde ich mit Ihnen, liebste Minna, unfehlbar werden; der werde ich in Ihrer Gesellschaft unveränderlich bleiben. – Morgen verbinde uns das heiligste Band; und sodann wollen wir um uns sehen, und wollen in der ganzen weiten bewohnten Welt den stillsten, heitersten, lachendsten Winkel suchen, dem zum Paradiese nichts fehlt, als ein glückliches Paar. Da wollen wir wohnen; da soll jeder unsrer Tage – Was ist Ihnen, mein Fräulein? *Die sich unruhig hin und herwendet, und ihre Rührung zu verbergen sucht.*

DAS FRÄULEIN *sich fassend.* Sie sind sehr grausam, Tellheim, mir ein Glück so reizend darzustellen, dem ich entsagen muß. Mein Verlust –

VON TELLHEIM. Ihr Verlust? – Was nennen Sie Ihren Verlust? Alles, was Minna verlieren konnte, ist nicht Minna. Sie sind noch das süßeste, lieblichste, holdseligste, beste Geschöpf unter der Sonne; ganz Güte und Großmut, ganz Unschuld und Freude! – Dann und wann ein kleiner Mutwille; hier und da ein wenig Eigensinn – Desto besser! desto besser! Minna wäre sonst ein Engel, den ich mit Schaudern verehren müßte, den ich nicht lieben könnte. *Ergreift ihre Hand, sie zu küssen.*

DAS FRÄULEIN *die ihre Hand zurück zieht.* Nicht so, mein Herr! – Wie auf einmal so verändert? – Ist dieser schmeichelnde, stürmische Liebhaber der kalte Tellheim? – Konnte nur sein wiederkehrendes Glück ihn in dieses Feuer setzen? – Er erlaube mir, daß ich, bei seiner fliegenden Hitze, für uns beide Überlegung behalte. – Als er selbst überlegen konnte, hörte ich ihn sagen: es sei eine nichtswürdige Liebe, die kein Bedenken trage, ihren Gegenstand der Verachtung auszusetzen. – Recht; aber ich bestrebe mich einer eben so reinen und edeln Liebe, als er. – Jetzt, da ihn die Ehre ruft, da sich ein großer Monarch um ihn bewirbt, sollte ich zugeben, daß er sich verliebten Träumereien mit mir überließe? daß der ruhmvolle Krieger in einen tändelnden Schäfer ausarte? – Nein, Herr Major, folgen Sie dem Wink Ihres bessern Schicksals –

VON TELLHEIM. Nun wohl! Wenn Ihnen die große Welt reizender ist, Minna, – wohl! so behalte uns die große Welt! – Wie klein, wie armselig ist diese große Welt – Sie kennen sie nur erst von ihrer Flitterseite. Aber gewiß, Minna, Sie werden – Es sei! Bis dahin, wohl! Es soll Ihren Vollkommenheiten nicht an Bewunderern fehlen, und meinem Glücke wird es nicht an Neidern gebrechen.

DAS FRÄULEIN. Nein, Tellheim, so ist es nicht gemeint! Ich weise Sie in die große Welt, auf die Bahn der Ehre zurück, ohne Ihnen dahin folgen zu wollen. – Dort braucht Tellheim eine unbescholtene Gattin! Ein sächsisches verlaufen es Fräulein, das sich ihm an den Kopf geworfen –

VON TELLHEIM *auffahrend und wild um sich sehend.* Wer darf so sprechen? – Ah, Minna, ich erschrecke vor mir selbst, wenn ich mir vorstelle, daß jemand anders dieses gesagt hätte, als Sie. Meine Wut gegen ihn würde ohne Grenzen sein.

DAS FRÄULEIN. Nun da! Das eben besorge ich. Sie würden nicht die geringste Spötterei über mich dulden, und doch würden Sie täglich die bittersten einzunehmen haben. – Kurz; hören Sie also, Tellheim, was ich fest beschlossen, wovon mich nichts in der Welt abbringen soll –

VON TELLHEIM. Ehe Sie ausreden, Fräulein, – ich beschwöre Sie, Minna! – überlegen Sie es noch einen Augenblick, daß Sie mir das Urteil über Leben und Tod sprechen! –

DAS FRÄULEIN. Ohne weitere Überlegung! – So gewiß ich Ihnen den Ring zurückgegeben, mit welchem Sie mir ehemals Ihre Treue verpflichtet, so gewiß Sie diesen nämlichen Ring zurückgenommen: so gewiß soll die unglückliche Barnhelm die Gattin des glücklichern Tellheims nie werden!

VON TELLHEIM. Und hiermit brechen Sie den Stab, Fräulein?

DAS FRÄULEIN. Gleichheit ist allein das feste Band der Liebe. – Die glückliche Barnhelm wünschte, nur für den glücklichen Tellheim zu leben. Auch die unglückliche Minna hätte sich endlich überreden lassen, das Unglück ihres Freundes durch sich, es sei zu vermehren, oder zu lindern – Er bemerkte es ja wohl, ehe dieser Brief ankam, der alle Gleichheit zwischen uns wieder aufhebt, wie sehr zum Schein ich mich nur noch weigerte.

VON TELLHEIM. Ist das wahr, mein Fräulein? – Ich danke Ihnen, Minna, daß Sie den Stab noch nicht gebrochen. – Sie wollen nur den unglücklichen Tellheim? Er ist zu haben. *Kalt.* Ich empfinde eben, daß es mir unanständig ist, diese späte Gerechtigkeit anzunehmen; daß es besser sein wird, wenn ich das, was man durch einen so schimpflichen Verdacht entehret hat, gar nicht wiederverlange. – Ja; ich will den Brief nicht bekommen haben. Das sei alles, was ich darauf antworte und tue! *Im Begriffe, ihn zu zerreißen.*

DAS FRÄULEIN *das ihm in die Hände greift.* Was wollen Sie, Tellheim?

VON TELLHEIM. Sie besitzen.

DAS FRÄULEIN. Halten Sie!

VON TELLHEIM. Fräulein, er ist unfehlbar zerrissen, wenn Sie nicht bald sich anders erklären. – Alsdann wollen wir doch sehen, was Sie noch wider mich einzuwenden haben!

DAS FRÄULEIN. Wie? in diesem Tone? – So soll ich, so muß ich in meinen eignen Augen verächtlich werden? Nimmermehr! Es ist eine nichtswürdige Kreatur, die sich nicht schämet, ihr ganzes Glück der blinden Zärtlichkeit eines Mannes zu verdanken!

VON TELLHEIM. Falsch, grundfalsch!

DAS FRÄULEIN. Wollen Sie es wagen, Ihre eigene Rede in meinem Munde zu schelten?

VON TELLHEIM. Sophistin! So entehrt sich das schwächere Geschlecht durch alles, was dem stärkern nicht ansteht? So soll sich der Mann alles erlauben, was dem Weibe geziemet? Welches bestimmte die Natur zur Stütze des andern?

DAS FRÄULEIN. Beruhigen Sie sich, Tellheim! – Ich werde nicht ganz ohne Schutz sein, wenn ich schon die Ehre des Ihrigen ausschlagen muß. So viel muß mir immer noch werden, als die Not erfordert. Ich habe mich bei unserm Gesandten melden lassen. Er will mich noch heute sprechen. Hoffentlich wird er sich meiner annehmen. Die Zeit verfließt. Erlauben Sie, Herr Major. –

VON TELLHEIM. Ich werde Sie begleiten, gnädiges Fräulein. –

DAS FRÄULEIN. Nicht doch, Herr Major; lassen Sie mich –

VON TELLHEIM. Eher soll Ihr Schatten Sie verlassen! Kommen Sie nur, mein Fräulein; wohin Sie wollen; zu wem Sie wollen. Überall, an Bekannte und Unbekannte, will ich es erzählen, in Ihrer Gegenwart des Tages hundertmal erzählen, welche Bande Sie an mich verknüpfen, aus welchem grausamen Eigensinne Sie diese Bande trennen wollen –

Zehnter Auftritt

Just. Die Vorigen.

JUST *mit Ungestüm.* Herr Major! Herr Major!

VON TELLHEIM. Nun?

JUST. Kommen Sie doch geschwind, geschwind!

VON TELLHEIM. Was soll ich? Zu mir her! Sprich, was ists?

JUST. Hören Sie nur – *Redet ihm heimlich ins Ohr.*

DAS FRÄULEIN *indes bei Seite zur Franziska.* Merkst du was, Franziska?

FRANZISKA. O, Sie Unbarmherzige! Ich habe hier gestanden, wie auf Kohlen!

VON TELLHEIM *zu Justen.* Was sagst du? – Das ist nicht möglich! –
Sie? *Indem er das Fräulein wild anblickt.* – Sag es laut; sag es ihr ins
Gesicht! – Hören Sie doch, mein Fräulein! –

JUST. Der Wirt sagt, das Fräulein von Barnhelm habe den Ring,
welchen ich bei ihm versetzt, zu sich genommen; sie habe ihn für den
ihrigen erkannt, und wolle ihn nicht wieder herausgeben. –

VON TELLHEIM. Ist das wahr, mein Fräulein? – Nein, das kann nicht
wahr sein!

DAS FRÄULEIN *lächelnd.* Und warum nicht, Tellheim? – Warum
kann es nicht wahr sein?

VON TELLHEIM *heftig.* Nun, so sei es wahr! – Welch schreckliches
Licht, das mir auf einmal aufgegangen! Nun erkenne ich Sie, die
Falsche, die Ungetreue!

DAS FRÄULEIN *erschrocken.* Wer? wer ist diese Ungetreue?

VON TELLHEIM. Sie, die ich nicht mehr nennen will!

DAS FRÄULEIN. Tellheim!

VON TELLHEIM. Vergessen Sie meinen Namen! – Sie kamen
hierher, mit mir zu brechen. Es ist klar! – Daß der Zufall so gern dem
Treulosen zu Statten kömmt! Er führte Ihnen Ihren Ring in die Hände.
Ihre Arglist wußte mir den meinigen zuzuschanzen.

DAS FRÄULEIN. Tellheim, was für Gespenster sehen Sie! Fassen Sie
sich doch, und hören Sie mich.

FRANZISKA *vor sich.* Nun mag sie es haben!

Eilfter Auftritt

Werner mit einem Beutel Gold. von Tellheim.

Das Fräulein. Franziska. Just.

WERNER. Hier bin ich schon, Herr Major! –

VON TELLHEIM *ohne ihn anzusehen.* Wer verlangt dich? –

WERNER. Hier ist Geld! tausend Pistolen!

VON TELLHEIM. Ich will sie nicht!

WERNER. Morgen können Sie, Herr Major, über noch einmal so viel befehlen.

VON TELLHEIM. Behalte dein Geld!

WERNER. Es ist ja Ihr Geld, Herr Major. – Ich glaube, Sie sehen nicht, mit wem Sie sprechen?

VON TELLHEIM. Weg damit! sag ich.

WERNER. Was fehlt Ihnen? – Ich bin Werner.

VON TELLHEIM. Alle Güte ist Verstellung; alle Dienstfertigkeit Betrug.

WERNER. Gilt das mir?

VON TELLHEIM. Wie du willst!

WERNER. Ich habe ja nur Ihren Befehl vollzogen. –

VON TELLHEIM. So vollziehe auch den, und packe dich!

WERNER. Herr Major! *Ärgerlich.* ich bin ein Mensch –

VON TELLHEIM. Da bist du was Rechts!

WERNER. Der auch Galle hat –

VON TELLHEIM. Gut! Galle ist noch das Beste, was wir haben.

WERNER. Ich bitte Sie, Herr Major, –

VON TELLHEIM. Wie vielmal soll ich dir es sagen? Ich brauche dein Geld nicht!

WERNER *zornig.* Nun so brauch es, wer da will! *Indem er ihm den Beutel vor die Füße wirft, und bei Seite geht.*

DAS FRÄULEIN *zur Franziska.* Ah, liebe Franziska, ich hätte dir folgen sollen. Ich habe den Scherz zu weit getrieben. – Doch er darf mich ja nur hören – *Auf ihn zugehend.*

FRANZISKA *die, ohne dem Fräulein zu antworten, sich Wernern nähert.* Herr Wachtmeister! –

WERNER *mürrisch.* Geh Sie! –

FRANZISKA. Hu! was sind das für Männer!

DAS FRÄULEIN. Tellheim! – Tellheim! *Der vor Wut an den Fingern naget, das Gesicht wegwendet, und nichts höret.* – Nein, das ist zu arg! – Hören Sie mich doch! – Sie betrügen sich! – Ein bloßes Mißverständnis, – Tellheim! – Sie wollen Ihre Minna nicht hören? – Können Sie einen solchen Verdacht fassen? – Ich mit Ihnen brechen wollen? – Ich darum hergekommen? – Tellheim!

Zwölfter Auftritt

Zwei Bediente, nach einander, von verschiedenen Seiten über den Saal laufend. Die Vorigen.

DER EINE BEDIENTE. Gnädiges Fräulein, Ihro Exzellenz, der Graf!

DER ANDERE BEDIENTE. Er kömmt, gnädiges Fräulein! –

FRANZISKA *die ans Fenster gelaufen.* Er ist es! er ist es!

DAS FRÄULEIN. Ist ers? – O nun geschwind, Tellheim –

VON TELLHEIM *auf einmal zu sich selbst kommend.* Wer? wer kömmt? Ihr Oheim, Fräulein? dieser grausame Oheim? Lassen Sie ihn nur kommen; lassen Sie ihn nur kommen! – Fürchten Sie nichts! Er soll Sie mit keinem Blicke beleidigen dürfen! Er hat es mit mir zu tun. – Zwar verdienen Sie es um mich nicht –

DAS FRÄULEIN. Geschwind umarmen Sie mich, Tellheim, und vergessen Sie alles –

VON TELLHEIM. Ha, wenn ich wüßte, daß Sie es bereuen könnten! –

DAS FRÄULEIN. Nein, ich kann es nicht bereuen, mir den Anblick Ihres ganzen Herzens verschafft zu haben! – Ah, was sind Sie für ein Mann! – Um armen Sie Ihre Minna, Ihre glückliche Minna! aber durch nichts glücklicher, als durch Sie! *Sie fällt ihm in die Arme.* Und nun, ihm entgegen! –

VON TELLHEIM. Wem entgegen?

DAS FRÄULEIN. Dem besten Ihrer unbekannten Freunde.

VON TELLHEIM. Wie?

DAS FRÄULEIN. Dem Grafen, meinem Oheim, meinem Vater, Ihrem Vater – – Meine Flucht, sein Unwille, meine Enterbung; – hören Sie denn nicht, daß alles erdichtet ist? Leichtgläubiger Ritter!

VON TELLHEIM. Erdichtet? Aber der Ring? der Ring?

DAS FRÄULEIN. Wo haben Sie den Ring, den ich Ihnen zurückgegeben?

VON TELLHEIM. Sie nehmen ihn wieder? – O, so bin ich glücklich! – Hier Minna! – *Ihn herausziehend.*

DAS FRÄULEIN. So besehen Sie ihn doch erst! – O über die Blinden, die nicht sehen wollen! – Welcher Ring ist es denn? Den ich von Ihnen habe, oder den Sie von mir? – Ist es denn nicht eben der, den ich in den Händen des Wirts nicht lassen wollen?

VON TELLHEIM. Gott! was seh ich? was hör ich?

DAS FRÄULEIN. Soll ich ihn nun wieder nehmen? soll ich? – Geben Sie her, geben Sie her! *Reißt ihn ihm aus der Hand, und steckt ihn ihm selbst an den Finger.* Nun? ist alles richtig?

VON TELLHEIM. Wo bin ich? – *Ihre Hand küssend.* O boshafter Engel! – mich so zu quälen!

DAS FRÄULEIN. Dieses zur Probe, mein lieber Gemahl, daß Sie mir nie einen Streich spielen sollen, ohne daß ich Ihnen nicht gleich darauf wieder einen spiele. – Denken Sie, daß Sie mich nicht auch gequälet hatten?

VON TELLHEIM. O Komödiantinnen, ich hätte euch doch kennen sollen!

FRANZISKA. Nein, wahrhaftig; ich bin zur Komödiantin verdorben. Ich habe gezittert und gebebt, und mir mit der Hand das Maul zuhalten müssen.

DAS FRÄULEIN. Leicht ist mir meine Rolle auch nicht geworden. Aber so kommen Sie doch!

VON TELLHEIM. Noch kann ich mich nicht erholen. – Wie wohl, wie ängstlich ist mir! So erwacht man plötzlich aus einem schreckhaften Traume!

DAS FRÄULEIN. Wir zaudern. – Ich höre ihn schon.

Dreizehnter Auftritt

Der Graf von Bruchsall, von verschiedenen Bedienten und dem Wirte begleitet. Die Vorigen.

DER GRAF *im Hereintreten.* Sie ist doch glücklich angelangt? –

DAS FRÄULEIN *die ihm entgegen springt.* Ah, mein Vater! –

DER GRAF. Da bin ich, liebe Minna! *Sie umarmend.* Aber was, Mädchen? *Indem er den Tellheim gewahr wird.* Vier und zwanzig Stunden erst hier, und schon Bekanntschaft, und schon Gesellschaft?

DAS FRÄULEIN. Raten Sie, wer es ist? –

DER GRAF. Doch nicht dein Tellheim?

DAS FRÄULEIN. Wer sonst, als er? – Kommen Sie, Tellheim! *Ihn dem Grafen zuführend.*

DER GRAF. Mein Herr, wir haben uns nie gesehen; aber bei dem ersten Anblicke glaubte ich, Sie zu erkennen. Ich wünschte, daß Sie es sein möchten. – Umarmen Sie mich. – Sie haben meine völlige Hochachtung. Ich bitte um Ihre Freundschaft. – Meine Nichte, meine Tochter liebet Sie –

DAS FRÄULEIN. Das wissen Sie, mein Vater! – Und ist sie blind, meine Liebe?

DER GRAF. Nein, Minna; deine Liebe ist nicht blind; aber dein Liebhaber – ist stumm.

VON TELLHEIM *sich ihm in die Arme werfend.* Lassen Sie mich zu mir selbst kommen, mein Vater! –

DER GRAF. So recht, mein Sohn! Ich höre es; wenn dein Mund nicht plaudern kann, so kann dein Herz doch reden. – Ich bin sonst den Offizieren von dieser Farbe, *Auf Tellheims Uniform weisend.* eben nicht gut. Doch Sie sind ein ehrlicher Mann, Tellheim; und ein ehrlicher Mann mag stecken, in welchem Kleide er will, man muß ihn lieben..

DAS FRÄULEIN. O, wenn Sie alles wüßten! –

DER GRAF. Was hinderts, daß ich nicht alles erfahre? – Wo sind meine Zimmer, Herr Wirt?

DER WIRT. Wollen Ihro Exzellenz nur die Gnade haben, hier herein zu treten.

DER GRAF. Komm Minna! Kommen Sie, Herr Major! *Geht mit dem Wirte und den Bedienten ab.*

DAS FRÄULEIN. Kommen Sie, Tellheim!

VON TELLHEIM. Ich folge Ihnen den Augenblick, mein Fräulein. Nur noch ein Wort mit diesem Manne. *Gegen Wernern sich wendend.*

DAS FRÄULEIN. Und ja ein recht gutes; mich dünkt, Sie haben es nötig. – Franziska, nicht wahr? *Dem Grafen nach.*

Vierzehnter Auftritt

Von Tellheim. Werner. Just. Franziska.

VON TELLHEIM *auf den Beutel weisend, den Werner weggeworfen.* Hier, Just! – hebe den Beutel auf, und trage ihn nach Hause. Geh! – *Just damit ab.*

WERNER *der noch immer mürrisch im Winkel gestanden, und an nichts Teil zu nehmen geschienen; indem er das hört.* Ja, nun!

VON TELLHEIM *vertraulich, auf ihn zugehend.* Werner, wann kann ich die andern tausend Pistolen haben?

WERNER *auf einmal wieder in seiner guten Laune.* Morgen, Herr Major, morgen. –

VON TELLHEIM. Ich brauche dein Schuldner nicht zu werden; aber ich will dein Rentmeister sein. Euch gutherzigen Leuten sollte man allen einen Vormund setzen. Ihr seid eine Art Verschwender. – Ich habe dich vorhin erzürnt, Werner, –

WERNER. Bei meiner armen Seele, ja! – Ich hätte aber doch so ein Tölpel nicht sein sollen. Nun seh ichs wohl. Ich verdiente hundert

Fuchtel. Lassen Sie mir sie auch schon geben; nur weiter keinen Groll, lieber Major! –

VON TELLHEIM. Groll? – *Ihm die Hand drückend.* Lies es in meinen Augen, was ich dir nicht alles sagen kann. – Ha! wer ein besseres Mädchen, und einen redlichern Freund hat, als ich, den will ich sehen! – Franziska, nicht wahr? – *Geht ab.*

Funfzehnter Auftritt

Werner. Franziska.

FRANZISKA *vor sich.* Ja gewiß, es ist ein gar zu guter Mann! – So einer kömmt mir nicht wieder vor. – Es muß heraus! *Schüchtern und verschämt sich Wernern nähernd.* Herr Wachtmeister! –

WERNER *der sich die Augen wischt.* Nu? –

FRANZISKA. Herr Wachtmeister –

WERNER. Was will Sie denn, Frauenzimmerchen?

FRANZISKA. Seh Er mich einmal an, Herr Wachtmeister. –

WERNER. Ich kann noch nicht; ich weiß nicht, was mir in die Augen gekommen.

FRANZISKA. So seh Er mich doch an!

WERNER. Ich fürchte, ich habe Sie schon zu viel angesehen, Frauenzimmerchen! – Nun, da seh ich Sie ja! Was gibts denn?

FRANZISKA. Herr Wachtmeister – – braucht Er keine Frau Wachtmeisterin?

WERNER. Ist das Ihr Ernst, Frauenzimmerchen?

FRANZISKA. Mein völliger!

WERNER. Zöge Sie wohl auch mit nach Persien?

FRANZISKA. Wohin Er will!

WERNER. Gewiß? – Holla! Herr Major! nicht groß getan! Nun habe
ich wenigstens ein eben so gutes Mädchen, und einen eben so
redlichen Freund, als Sie! – Geb Sie mir Ihre Hand,
Frauenzimmerchen! Topp! – Über zehn Jahr ist Sie Frau Generalin,
oder Witwe!

Ende der Minna von Barnhelm oder des Soldatenglücks.

<u>Titelliste Taschenbuch-Literatur-Klassiker</u>

Bd. 1 *Abenteuer und Fahrten des Huckleberry Finn*, Mark Twain, Bd. 2 *Andersens Märchen*, Hans Christian Andersen, Bd. 3 *Anton Reiser*, Karl Philipp Moritz, Bd. 4 *Aus dem Leben eines Taugenichts*, Joseph Freiherr v. Eichendorff, Bd. 5 *Bahnwärter Thiel*, Gerhard Hauptmann, Bd. 6 *Bambi Eine Lebensgeschichte aus dem Walde*, Felix Salten, Bd. 7 *Bauern, Bonzen und Bomben*, Hans Fallada, Bd. 8 *Bel Ami*, Guy de Maupassant, Bd. 9 *Bergkristall*, Adalbert Stifter, Bd. 10 *Candide oder der Optimismus*, Voltaire, Bd. 11 *Caspar Hauser oder Die Trägheit des Herzens*, Jakob Wassermann, Bd. 12 *Dantons Tod*, Georg Büchner, Bd. 13 *Das Bildnis des Dorian Grey*, Oscar Wilde, Bd. 14 *Das Dschungelbuch*, Rudyard Kipling, Bd. 15 *Das Fräulein von Scuderi*, ETA Hoffmann, Bd. 16 *Das Gemeindekind*, Marie v. Ebner-Eschenbach, Bd. 17 *Das Heptameron*, Margarete v. Navarra, Bd. 18 *Märchenbriefbuch der heiligen Nächte*, Max Dauphtendey, Bd. 19 *Das Marmorbild*, Joseph v. Eichendorff, Bd. 20 *Das Schloss*, Franz Kafka, Bd. 21 *Das Urteil*, Franz Kafka, Bd. 22 *David Copperfield*, Charles Dickens, Bd. 23 *Der abenteuerliche Simplizissimus*, Grimmelshausen, Bd. 24 *Der arme Spielmann*, Franz Grillparzer, Bd. 25 *Der eingebildete Kranke*, Moliere, Bd. 26 *Der ewige Spießer*, Ödön v. Horváth, Bd. 27 *Der Fürst*, Nocolò Machiavelli, Bd. 28 *Der Glöckner von Notre Dame*, Victor Hugo, Bd. 29 *Der goldene Esel, Apuleius*, Bd. 30 *Der goldene Topf*, ETA Hoffmann, Bd. 31 *Der Graf von Monte Christo*, Alexandre Dumas, Bd. 32 *Der grüne Heinrich*, Gottfried Keller, Bd. 33 *Der kleine Häwelmann und andere Märchen*, Theodor Storm, Bd. 34 *Der kleine Lord*, Frances Hodgson Burnett, Bd. 35 *Der letzte Mohikaner*, James Fenimore Cooper, Bd. 36 *Der Prozess*, Franz Kafka, Bd. 37 *Der Sandmann*, ETA Hoffmann, Bd. 38 *Der Schimmelreiter*, Theodor Storm, Bd. 39 *Der Schuss von der Kanzel*, Conrad Ferdinand Meyer, Bd. 40 *Der Seewolf*, Jack London, Bd. 41 *Der seltsame Fall des Dr. Jekyll und Mr. Hyde*, Robert Louis Stevenson, Bd. 42 *Der Stechlin*, Theodor Fontane, Bd. 43 *Der Sturmheidhof (Sturmhöhe)*, Emily Brontë, Bd. 44 *Der Tor und der Tod*, Hugo v. Hofmannsthal, Bd. 45 *Der Weg ins Freie*, Arthur Schnitzler, Bd. 46 *Der zerbrochene Krug*, Heinrich v. Kleist, Bd. 47 *Deutsches Märchenbuch*, Ludwig Bechstein, Bd. 48 *Deutschland. Ein Wintermärchen*, Heinrich Heine, Bd. 49 *Die Abenteuer der sieben Schwaben*, Ludwig Aurbacher, Bd. 50 *Die Burg von Otranto*, Horace Walpole, Bd. 51 *Die drei Musketiere*, Alexandre Dumas, Bd. 52 *Die Elixiere des Teufels*, ETA Hoffmann, Bd. 53 *Die Geschichte meines Lebens*, Georg Ebers, Bd. 54 *Die Insel Felsenburg*, Johann Gottfried Schnabel, Bd. 55 *Die Judenbuche*, Annette v. Droste-Hülshoff, Bd 56. *Die Kameliendame*, Alexandre Dumas, Bd. 57 *Die Kartause von Parma*, Stendhal, Bd. 58 *Die Kreutzersonate*, Lew Tolstoi, Bd. 59 *Die Leiden des jungen Werther*, Johann Wolfgang v. Goethe, Bd. 60 *Die Leute von Seldvyla I*, Gottfried Keller, Bd. 61 *Die Leute von Seldvyla II*, Gottfried Keller, Bd. 62 *Die Marquise*, George Sand, Bd. 63 *Die Marquise von O.*, Heinrich v. Kleist, Bd. 64 *Die Memoiren der Fanny Hill*, John Cleland, Bd. 65 *Die Ratten*, Gerhard Hauptmann, Bd. 66 *Die Räuber*, Friedrich v. Schiller, Bd. 67 *Die Regentrude*, Theodor Storm, Bd. 68 *Die Reisen des Baron zu Münchhausen*, Bd. 69 *Die Schatzinsel*, Robert Louis Stevenson, Bd. 70 *Die Verlobten*, Allessandro Manzoni, Bd. 71 *Die Verwandlung*, Franz Kafka, Bd. 72 *Die Verwirrungen des Zöglings Törleß*, Robert Musil, Bd. 73 *Die Waffen nieder*, Berta von Suttner, Bd. 74 *Die Wahlverwandtschaften*, Johann Wolfgang v. Goethe, Bd. 75 *Don Carlos*, Friedrich v. Schiller, Bd. 76 *Eduards Traum*, Wilhelm Busch, Bd. 77 *Effi Briest*, Theodor Fontane, Bd. 78 *Egmont*, Johann Wolfgang v. Goethe, Bd. 79 *Ein Held unserer Zeit*, Michail Lermontoff, Bd. 80 *Einsichten und Ausblicke*, Gerhard Hauptmann, Bd. 81 *Emilia Galotti*, Gottold Ephraim Lessing, Bd. 82 *Erinnerungen aus galanter Zeit*, Giacomo Casanova, Bd. 83 *Erzählungen*, Wilhelm Busch, Bd. 84 *Es waren zwei Königskinder*, Theodor Storm, Bd. 85 *Essays*, Michel de Montaigne, Bd. 86 *Franz Sternbalds Wanderungen*, Ludwig Tieck, Bd. 87 *Fräulein Else*, Arthur Schnitzler, Bd. 88 *Frühlings Erwachen*, Frank Wedekind, Bd. 89 Gedanken, Blaise Pascal,

Bd. 90 *Gefährliche Liebschaften*, Pierre-Ambroise-François Choderlos de Laclos, Bd. 91 *Gegen den Strich*, Joris-Karl Huysmany, Bd. 92 *Geschichte des Fräuleins von Sternheim*, Sophie v. La Roche, Bd. 93 *Geschichte vom braven Kasperl und dem Annerl*, Clemens Brentano, Bd. 94 *Geschichten aus dem Wienerwald*, Ödön v. Horváth, Bd. 95 *Glanz und Elend der Kurtisanen*, Honore de Balzac, Bd. 96 *Glück und Unglück der berühmten Moll Flanders*, Daniel Defoe, Bd. 97 *Götz von Berlichingen*, Johann Wolfgang v. Goethe, Bd. *98 Gullivers Reisen*, Jonathan Swift, Bd. *99 Heidis Lehr und Wanderjahre*, Johann Spyri, Bd. 100 *Heinrich von Ofterdingen*, Novalis, Bd. 101 *Hiob Roman eines einfachen Mannes*, Joseph Roth, Bd. *102 Immensee*, Theodor Storm, Bd. 103 *Iphigenie auf Tauris*, Johann Wolfgang v. Goethe, Bd. 104 *Italienische Märchen*, Clemens Brentano, Bd. 105 *Ivannhoe*, Walter Scott, Bd. 106 Jahrmarkt der Eitelkeiten, William Makepaece Thackeray, Bd. 107 *Jane Eyre*, Charlotte Brontë, Bd. 108 *Jugend ohne Gott*, Ödön v. Horvath, Bd. 109 *Jürg Jenatsch*, Conrad Ferdinand Meyer, Bd. 110 *Kabale und Liebe*, Friedrich v. Schiller, Bd. 111 *Kasimir und Karoline*, Ödön v. Horvath, Bd. 112 *Kinder- und Hausmärchen*, Gebrüder Grimm, Bd. 113 *Kleiner Mann, was nun*, Hans Fallada, Bd. 114 *König Alkohol*, Jack London, Bd. 115 *Krambambuli*, Marie Ebner-Eschenbach, Bd. 116 *Lausbubengeschichten*, Ludwig Thoma, Bd. 117 *Lavinia - Pauline - Kora*, George Sand, Bd. 118 *Leben und Lüge*, Detlev von Liliencron, Bd. 119 *Lebensansichten des Katers Murr*, ETA Hoffmann, Bd. 120 *Lenz. Der hessische Landbote*, Georg Büchner, Bd. 121 *Lieutenant Gustl*, Arthur Schnitzler, Bd. 122 *Lord Jim*, Joseph Conrad, Bd. 123 *Luise*, Johann Heinrich Voß, Bd. 124 *Madame Bovary*, Gustave Flaubert, Bd. 125 *Märchen*, Wilhelm Hauff, Bd. 126 *Maria Stuart*, Friedrich v. Schiller, Bd. 127 *Max Havelaar*, Multatuli, Bd. 128 *Meister Floh*, ETA Hoffmann, Bd. 129 *Michael Kohlhaas*, Heinrich v. Kleist, Bd. 130 *Minna von Barnhelm*, Gotthold Ephraim Lessing, Bd. 131 *Moby Dick*, Hermann Melville, Bd. 132 *Nathan, der Weise*, Gotthold Ephraim Lessing, Bd. 133-1 und 133-2 *Nils Holgersson wunderbare Reise*, Selma Lagerlöf, Bd. 134 *Niels Lyne*, Jens Peter Jacobsen, Bd. 135 *Nußknacker und Mausekönig*, ETA Hoffmann, Bd. 136 *Oliver Twist*, Charles Dickens, Bd. 137 *Onkel Toms Hütte*, Herriett Beecher Stowe, Bd. 138 *Peter Schlemihls wundersame Geschichte*, Adalbert v. Chamisso, Bd. 139 *Peterchens Mondfahrt*, Gerdt v. Bassewitz, Bd. 140 *Pinocchio*, Carlo Collodi, Bd. 141 *Reinecke Fuchs*, Johann Wolfgang v. Goethe, Bd. 142 *Rheinmärchen*, Clemens Brentano, Bd. 143 *Rinaldo Rinaldini*, Christian August Vulpius, Bd. 144 *Robinson Crusoe*; Daniel Defoe, Bd. 145 *Romeo und Julia*, William Shakespeare Bd. 146 *Schach von Wuthenow*, Theodor Fontane, Bd. 147 *Schachnovelle*, Stefan Zweig, Bd. 148 *Schatzkästlein des rheinischen Hausfreundes*, Johann Peter Hebel, Bd. 149 *Schelmuffskys Reisebeschreibung*, Christian Reuter, Bd. 150 *Schloss Gripsholm*, Kurt Tucholsky, Bd. 151 *Siebenkäs*, Jean Paul, Bd. 152 *Sternstunden der Menschheit*, Stefan Zweig, Bd. 153 Tao te king, Laotse, Bd. 154 *Till Eulenspiegel*, Hermann Bote, Bd. 155 *Tolldreiste Geschichten*, Honorè de Balzac, Bd. 156 *Tom Jones, Geschichte eines Findelkindes*, Henry Fielding, Bd. 157 *Tom Sawyers Abenteuer und Streiche*, Mark Twain, Bd. 158 *Troquato Tasso*, Johann Wolfgang v. Goethe, Bd. 159 *Traumnovelle*, Arthur Schnitzler, Bd. 160 *Trost der Philosophie*, Boethius, Bd. 161 *Über den Umgang mit Menschen*, Adolph Freiherr v. Knigge, Bd. 162 *Uli der Knecht*, Jeremias Gotthelf, Bd. 163 *Uli der Pächter*, Jeremias Gotthelf, Bd. 164 *Ungeduld des Herzens*, Stefan Zweig, Bd. 165 *Ut oler Welt*, Wilhelm Busch, Bd. 166 *Vater Goriot*, Honorè de Balzac, Bd. *167 Väter und Söhne*, Ivan Sergejeviç Turgenev, Bd. 168 *Verlorene Illusionen*, Honorè de Balzac, Bd. 169 *Von der Freiheit eines Christenmenschen*, Martin Luther – Bd. 170 *Von der Ursache, dem Prinzip und dem Einen*, Bruno Giordano, Bd. 171 *Vor Sonnenuntergang*, Gerhard Hauptmann, Bd. 172 *Walden oder Leben in den Wäldern*, Henry D. Thoreau, Bd. 173 *Wilhelm Meisters Lehrjahre*, Johann Wolfgang v. Goethe, Bd. 174 *Wilhelm Meisters Wanderjahre*, Johann Wolfgang v. Goethe, Bd. 175 *Wilhelm Tell*, Friedrich v. Schiller

Von demselben Autor/Herausgeber sind bei BOD bereits erschienen:

Alle Tage Feiertage
ISBN 978-3-7386-0409-2, 280 S.
Allerlei Anlässe zum Aktionieren, Feiern und Gedenken

100 Kinderlieder
ISBN 978-3-7322-3024-2, 112 S.
100 Kinderlieder, altbekannt und immer wieder gern gesungen

Liederbuch (Deutsche Volkslieder)
ISBN 978-3-8423-6702-9, 312 S.
300 Volkslieder aus 8 Jahrhunderten und aller Herren Länder

Sagen und Erzählungen aus Marburg und Oberhessen
ISBN 978-3-7347-8909-0 , 164 S.
Allerlei Schwänke und Geschichten aus dem Marburger Land

Tausenderlei über die Freiheit
ISBN 978-3-7322-9721-4, 140 S.
Mehr als 1000 Zitate, Bonmots und Aphorismen über die Freiheit

Tausenderlei über das Glück
ISBN 978-3-7322-5525-2, 160 S.
Mehr als 1000 Zitate, Bonmots und Aphorismen über das Glück

Tausenderlei über die Liebe
ISBN 978-3-8423-7474-4, 140 S.
Mehr als 1000 Zitate, Bonmots und Aphorismen zum Thema Nr. Eins

Weihnachtsgedichte– Verse, Reime und Gedichte zum Fest
ISBN 978-3-7347-6393-9, 352 S.
290 Werke bekannter und unbekannter Dichter zum Weihnachtsfest

Weihnachtsgeschichten - Erzählungen und Märchen
ISBN 978-3-7347-6404-2, 392 S.
85 kurze und lange Texte zur Weihnachtszeit

Weihnachtsgeschichten 2
ISBN 978-3-7481-7533-9, 360 S.
35 kürzere und längere Geschichten zur Weihnacht

100 Weihnachtslieder
ISBN 978-3-7322-3375-5, 112 S.
100 Weihnachtslieder aus der Heimat und der ganzen Welt

Lob und Tadel an tessitore@web.de